Jürgen Höder

W0065664

Gesprächspsychotherapie

Was sie kann,
wie sie wirkt und
wem sie hilft.

pal

Die Deutsche Bibliothek - CIP-Einheitsaufnahme

Höder, Jürgen:
Gesprächspsychotherapie : was sie kann, wie sie wirkt und
wem sie hilft / Jürgen Höder. - Mannheim : PAL, 1992
   ISBN 3-923614-46-2

© PAL Verlagsgesellschaft Mannheim 1992
Herstellung: C. Bockfeld, Neustadt

Inhaltsverzeichnis

Erste Annäherung

Klientenzentrierte Gesprächspsychotherapie — ein Wortungetüm

Nehmen wir an, Sie fühlen sich seit längerer Zeit seelisch beeinträchtigt. Vielleicht sind Sie deprimiert, ängstlich oder nervös. Sie spüren, daß Sie es allein nicht schaffen, zufriedener zu werden, und beginnen sich nach fachlicher Hilfe umzusehen: nach Psychotherapie. Schnell finden Sie heraus, daß es viele verschiedene Arten von Psychotherapie gibt. Sie hören unter anderem von Verhaltenstherapie, Gestalttherapie, Psychoanalyse — und von „klientenzentrierter Gesprächspsychotherapie".

Vielleicht geht Ihnen dann folgendes durch den Kopf: „Was für ein Wortungetüm! Was soll das nun wieder sein? Der Klient* — das bin wahrscheinlich ich. Ich soll also irgendwie im Zentrum der Therapie stehen. Ja, ist denn das nicht selbstverständlich? Um mich geht es doch schließlich. Und Gesprächspsychotherapie? Wird denn nicht in jeder Therapie gesprochen? Oder wird hier vielleicht *nur* gesprochen? Kann das denn helfen?"

---

* Wenn ich von Therapeut und Klient spreche, dann ist immer auch das andere Geschlecht gemeint.

Ein Merkblatt

Nehmen wir an, trotz dieser skeptischen Gedanken nehmen Sie telefonisch Kontakt zu einem Gesprächspsychotherapeuten auf. Vielleicht wird er Ihnen ein Merkblatt über seine Art der Therapie zusenden. Wenn Sie mich angerufen hätten, so stünde darin unter anderem folgendes:

Viele Menschen kommen mit Hoffnung, aber auch mit einer gewissen Unsicherheit zu mir: „Was kommt da auf mich zu? Was tut der Psychologe? Was erwartet er von mir? Wie gehen solche Gespräche vor sich?" Ich möchte Ihnen dazu einige Informationen geben und hoffe, Sie können sich dadurch ein ungefähres Bild von den Gesprächen und von mir machen.

Der äußere Rahmen

Die Gespräche finden in der Regel einmal wöchentlich statt und dauern jeweils ca. 45 Minuten. Ich sitze mit Ihnen allein in einem ruhigen Raum an einem Tisch.

Unsere Gespräche werden auf Tonband aufgenommen, wenn Sie damit einverstanden sind. Die Aufnahmen werden teilweise von den Kollegen, die gemeinsam mit mir in dieser Praxis arbeiten, abgehört. Wozu? Wir helfen und kontrollieren uns auf diese Weise gegenseitig. Ihr Name wird dabei nicht genannt. Alle Beteiligten unterliegen der Schweigepflicht. Nach Abschluß der Gespräche werden die Bänder wieder gelöscht, oder Sie können sie selbst in Verwahrung nehmen.

Gelegentlich werde ich Sie bitten, einige Fragebögen auszufüllen. Ihre Antworten erleichtern es mir, zu beurteilen, inwieweit ich Ihnen tatsächlich helfe. Nach Abschluß der Gespräche werden die Bögen vernichtet oder Ihnen ausgehändigt.

Wieviele Gespräche sind nötig? Das ist von Mensch zu Mensch sehr verschieden. Im allgemeinen vergehen etwa zehn Gespräche, bis Sie deutliche Besserungen an sich spüren. Es können auch mehr oder weniger sein. Das Ende der Gespräche bestimmen Sie in aller Regel selbst.

Zu Ihrer Sicherheit

Erfahrungsgemäß kann ich etwa drei von vier Klienten helfen. Wenn Sie fühlen sollten, die Hilfe ist nicht ausreichend, oder wenn irgend etwas an meiner Art Ihnen Schwierigkeiten macht, so bitte ich Sie, es mir freimütig zu sagen. Ich bin dankbar dafür, denn ich kann daraus lernen. Wenn es Ihnen zu schwer fallen sollte, es mir selbst zu sagen, akzeptiere ich es ebenso. Bitte wenden Sie sich in diesem Fall an einen meiner Kollegen oder früheren Gesprächspartner (Anschriften auf besonderem Blatt). Sie können zwischen uns vermitteln, einen anderen Psychologen oder eine andere Art der Hilfe empfehlen.

Sie sollten sich *unbedingt* bemerkbar machen, wenn Sie nach zwei Therapiestunden nicht das deutliche Gefühl haben, daß Sie Vertrauen zu mir haben können und daß die Gespräche sinnvoll sind. Vielleicht fällt Ihnen die Beurteilung leichter, wenn Sie die Fragen in Kapitel 13 beantworten. Wenn Sie aus voller Überzeugung die Mehrheit der Fragen mit „Ja" beantworten können, dann werden die Gespräche Ihnen höchstwahrscheinlich nutzen.

Der Inhalt der Gespräche

Worüber wir sprechen, liegt ganz bei Ihnen. Ich akzeptiere alle Themen. Bitte sprechen Sie freimütig aus, was Ihnen wichtig erscheint. Bitte fragen Sie sich dabei nicht so sehr, ob Ihre Äußerungen „sinnvoll" sind oder einen guten Eindruck auf mich machen, sondern nur, ob Sie selbst das Bedürfnis spüren, etwas auszudrücken.

Vielleicht nehmen Sie an, Sie müßten ausführlich über Ihre Kindheit sprechen. Das ist nicht nötig. Wenn Sie es aber wünschen, so spricht auch nichts dagegen. Ich möchte, daß Sie sich völlig frei fühlen, jede Stunde so zu nutzen, wie Sie es für richtig halten.

Vielleicht werden Sie manchmal das Gefühl haben, daß Sie im Augenblick nichts sagen können oder wollen, und es entstehen längere Gesprächspausen. Ich finde das völlig in Ordnung.

Viele meiner Gesprächspartner weinen manchmal während unseres Zusammenseins. Einigen ist es dann peinlich. Ich empfinde Weinen nicht als peinlich oder irgendwie unangebracht.

Was werden die Gespräche bewirken?
Das läßt sich nicht in Einzelheiten voraussehen. Jedes Gespräch verläuft anders. Im allgemeinen können Sie aber mit folgenden Änderungen rechnen:

Sie werden mehr Sie selbst. Damit meine ich: Ihnen wird klarer, was Sie selbst eigentlich wollen, und Sie werden mehr Mut haben, das auch in die Tat umzusetzen. Sie werden sich weniger abhängig fühlen von dem, was andere Menschen von Ihnen erwarten, Sie werden mehr auf sich selbst hören als auf andere. Sie werden mehr von sich selbst spüren, Ihr Fühlen wird reicher und lebendiger.

Sie werden sich selbst besser akzeptieren. Das bedeutet: Sie empfinden sich selbst als einen Menschen, der trotz mancher Schwäche im Grunde tüchtig und liebenswert ist. Sie können besser „ja" zu sich selbst sagen. Sie fühlen, daß Sie als Mensch einen Wert haben.

Diese beiden Änderungen sind häufig ausreichend dafür, daß viele sogenannte Symptome abklingen oder gemildert werden. Solche Symptome sind zum Beispiel: Angstzustände, Depressivität, Gefühl innerer Leere und Sinnlosigkeit, Schuldgefühle, Konzentrationsstörungen, Nervosität, Schwierigkeiten mit den Mitmenschen, Unglücklichsein, übermäßiges Essen, Trinken, Rauchen und anderes mehr. Auch körperliche Beschwerden können sich bessern, vor allem, wenn sie von seelischen Faktoren mitbedingt sind, wie es häufig zutrifft auf Kopfschmerzen, Magenbeschwerden, Schlafstörungen, sexuelle Störungen, Rückenschmerzen, Erschöpfungszustände auf die sogenannte vegetative Dystonie usw. Ernsthafte körperliche Erkrankungen wie etwa eine Krebserkrankung, Zuckerkrankheit oder Gelenkrheumatismus lassen sich jedoch nicht durch Psychotherapie heilen.

Was tue ich, um Ihnen zu helfen?
Vermutlich werden Sie sich fragen, wodurch ich diese positiven Veränderungen bei Ihnen bewirken will. Eine meiner wichtigsten Tätigkeiten ist *Zuhören*. Damit meine ich wirkliches Zuhören — ein Zuhören, das von dem aufrichtigen Wunsch geprägt ist, Sie zu verstehen. Ich versuche dabei, mich in Sie hineinzuversetzen und die Dinge so zu sehen oder so zu fühlen, als ob ich Sie wäre. Mein Ehrgeiz ist, mich womöglich noch ein bißchen besser in Ihrem Innenleben auszukennen als Sie selbst. Dazu werde ich Ihnen fortlaufend mitteilen, was ich von Ihnen verstanden habe. Ich konzentriere mich dabei auf Ihre Art zu denken, auf Ihre Anschauungen, auf die Bedeutung, die Sie Ihren Erfahrungen geben, und auf Ihr Fühlen.

Ein solches einfühlsames Zuhören und Verstehen hat erfahrungsgemäß verschiedene günstige Auswirkungen. Eine davon ist: Sie werden dadurch veranlaßt, Ihr Denken und Ihr Fühlen genauer zu untersuchen und zu überprüfen, ob es Ihnen wirklich entspricht. Zum Beispiel werden Sie deutlicher spüren oder überprüfen: Was ist wirklich wichtig für mich, was will ich erreichen?

Wenn ich Ihnen auf diese Art zuhöre, so tue ich es nicht nur, weil es mein Beruf ist, sondern auch, weil ich mich wirklich für Sie interessiere. Vielleicht wundert Sie das: „Woher kommt dieses Interesse? Wir kennen uns doch gar nicht." — Es kommt aus der Erfahrung mit bisherigen Gesprächspartnern. Oft habe ich gespürt: Die Gespräche halfen dem anderen, und gleichzeitig gaben sie auch mir etwas. So habe ich von meinen Klienten vieles gelernt, was mir selbst in meinem Leben zugute kam. Mir ist durch Hunderte von Gesprächen zum Beispiel sehr klar geworden, wie nebensächlich für die Lebenszufriedenheit äußere Dinge wie Geld, Macht, Karriere usw. sind im Vergleich etwa zu guten zwischenmenschlichen Beziehungen, innerem Frieden oder Gesundheit.

Ein weiterer Punkt: Ich fühle oft, daß meine Klienten und ich etwas gemeinsam haben, nämlich den Wunsch, sich persönlich weiterzuentwickeln. Wenn ich auch zur Zeit wahrscheinlich zufriedener bin und mich seelisch wohler fühle als Sie, so gibt es doch auch für mich Lebensbereiche, in denen ich mich als unzulänglich empfinde. Dabeizusein und daran mitzuwirken, wie ein anderer sich weiterentwickelt, das gibt mir Anregungen und Energie für meine eigene Entwicklung.

Was tue ich sonst noch außer zuhören und verstehen? Ich versuche Ihnen das Gefühl zu geben, daß Sie als Mensch geachtet und angenommen werden — einschließlich all der Dinge, die Sie bei sich selbst vielleicht als Schwächen oder Fehler ansehen. Das fällt mir nicht schwer. Zunächst empfinde ich wirklich Respekt vor Ihnen, daß Sie überhaupt den Mut aufbringen, sich über Ihre Schwierigkeiten einem Fremden gegenüber zu öffnen. Das ist ein Schritt, den viele nicht schaffen, obwohl ihre Probleme vielleicht noch schwerwiegender sind. Ich glaube, daß alle Menschen seelische Probleme haben, zumindest zeitweise. Aber die meisten verschweigen es und zeigen nur ihre heile Fassade. Ferner: Es kommt nur sehr selten vor, daß mir ein Mensch ausgesprochen unsympathisch ist. Nach meinem Eindruck haben fast alle Menschen ihre sympathischen und tüchtigen Seiten — wenn sie auch bei manchen nicht auf den ersten Blick zu sehen sind. Ich habe oft die Erfahrung gemacht: Wenn sich mir jemand öffnet und sich so zeigt, wie er wirklich ist, ohne Verstellung, Abwehr oder schöne Fassade, dann empfinde ich meistens sofort Sympathie für ihn — ganz gleich, welche Eigenarten er nun hat.

Für mich ist es immer eine sehr kostbare und beglückende Erfahrung gewesen, wenn ich spüren konnte: Ein anderer schätzt mich und akzeptiert mich so, wie ich bin.

Ich darf so sein, wie ich bin, ich werde deswegen nicht abgelehnt. Es hat mir mehr Selbstbewußtsein gegeben und mehr Mut, schwierige Dinge in Angriff zu nehmen. Ich hoffe, es wirkt auf Sie in ähnlicher Weise.

Natürlich wirken Verständnis, Achtung und Sympathie nur dann positiv auf uns, wenn wir überzeugt sind, daß sie wirklich von Herzen kommen. Sie können sicher sein, daß ich Ihnen keine aufgesetzte Freundlichkeit vorspielen werde. Ich bemühe mich darum, daß alle meine Handlungen und Äußerungen wirklich meinem Inneren entspringen und nicht nur dem psychologischen Lehrbuch, einer Technik oder Methode. Was ich anstrebe, ist eine Begegnung mit Ihnen auf einer Ebene von Mensch zu Mensch, auf einer natürlichen Ebene.

Soweit das Merkblatt. Es gibt Ihnen eine erste Ahnung von dem, was Gesprächspsychotherapie sein kann. Manche Klienten sagten mir auch: „Ich war viel zu sehr in meine eigenen Gedanken und Gefühle verstrickt, als daß ich den Inhalt überhaupt verstehen konnte. Aber ich war positiv berührt von der Art, in der es geschrieben ist. Es kam die Hoffnung auf, hier ist jemand, der sich vielleicht wirklich für dich interessiert, der es gut mit dir meint. Es wirkte so persönlich."

Welche gefühlsmäßigen Reaktionen löste der Text bei Ihnen aus? Wenn Sie ihn auch eher angenehm fanden, dann wäre dies ein erster Hinweis darauf, daß Gesprächspsychotherapie Ihnen bei seelischen Schwierigkeiten helfen kann. Empfanden Sie beim Lesen jedoch eher Ablehnung, Langeweile oder andere unangenehme Gefühle, dann würde sich eine andere Therapieform vielleicht besser eignen.

– 2 –
Einfühlendes Verstehen

Die innere Welt

Äußerlich gesehen leben wir alle in derselben Welt. Aber was wir von dieser Welt wahrnehmen, wie wir das Wahrgenommene bewerten, welche Gefühle dabei in uns entstehen und wie wir uns verhalten — das ist bei jedem etwas anders. Insofern lebt jeder in seiner eigenen Welt — seiner inneren Erlebniswelt. Schauen wir uns ein Beispiel an:

Peter und Oskar arbeiten in ihrem Beruf gemeinsam an einem Projekt. Nach Abschluß der Arbeiten werden sie zu ihrem Chef gerufen, der ihre Ergebnisse beurteilt. Einiges lobt er, mit anderem ist er nicht so zufrieden.

Ein Außenstehender könnte vermuten, beide Mitarbeiter hören genau dasselbe und müßten auch auf dieselbe Art reagieren. Es kommt jedoch ganz anders: Oskar, ein Optimist, achtet vor allem auf die Passagen in der Rede seines Chefs, die Zufriedenheit und Lob ausdrücken. Tadel und Kritik galten seiner Meinung nach nur einigen unbedeutenden Nebenaspekten, und er hat sie schnell wieder vergessen. Er fühlt sich ziemlich bestätigt, und seine Stimmung steigt.

Peter dagegen, ein Pessimist, hat ganz andere Gedanken: „Gewiß, über einiges hat er sich nicht unzufrieden gezeigt. Aber das hat er wahrscheinlich nur gesagt, damit die Kritik nicht zu vernichtend ausfällt. Im Grunde fand er doch alles, worauf es wirklich ankam, schlecht." Wieder einmal macht er seiner Meinung nach die Erfahrung, daß er letzten Endes ein Versager ist. Er fühlt sich niedergeschlagen und erschöpft.

Zu unserer inneren Welt gehört nicht nur, wie wir bestimmte Ereignisse oder Situationen wahrnehmen und bewerten, sondern auch unsere Grundüberzeugungen, Lebensphilosophie, religiöse und moralische Vorstellungen, unsere Erinnerungen und Hoffnungen, unsere Auffassungen darüber, worauf es im Leben ankommt, was für uns wichtig ist, was wir erreichen möchten.

Ein Teil unserer inneren Welt ist uns klar bewußt, und wir kennen uns gut darin aus. Aber es gibt auch wenig oder gar nicht erforschte Gebiete:

● *Unklarheit über Gefühle:* Manchmal spüren wir vielleicht ein diffuses Gefühl der Unzufriedenheit, wir sind „irgendwie" unglücklich, etwas fehlt uns, wir haben schlechte Laune. Oder wir fragen uns: Ist es jetzt Liebe, was ich für eine bestimmte Person empfinde? Oder Sympathie, Zuneigung, Wohlwollen? Oder Verliebtsein? Oder Gier und Habenwollen? Oder von jedem etwas?

● *Unklarheit über grundlegende Wertvorstellungen, Lebensregeln, Einstellungen:* Wenn wir geübte Autofahrer oder Klavierspieler sind, dann kommt es häufig vor, daß wir unsere Beine, Arme und Finger sehr zielgerichtet und effektiv bewegen, ohne daß uns dies noch bewußt wird. Die Bewegungen laufen automatisch ab. Ähnlich kann es auch mit unseren Grundüberzeugungen gehen: Manche sind uns so selbstverständlich geworden, daß wir gar nicht mehr wissen, wie stark wir uns von ihnen leiten lassen, und auch nicht mehr überprüfen, ob sie im Alltag hilfreich sind. Einige Beispiele: Alle sollen mich mögen. — Man darf sich nie etwas gefallen lassen. — Man muß immer Rücksicht nehmen. — Eine gute Mutter ist nicht berufstätig. — Der Wert eines Menschen hängt von seiner Leistungsfähigkeit ab. — Um Hilfe bitten ist Schwäche, Schwäche ist schlecht. — Den meisten Menschen kann man nicht vertrauen. — Das Leben soll Spaß machen.

● *Unklarheit über Zusammenhänge:* Häufiger ist der Fall, daß wir belastende Gefühle deutlich spüren, aber nicht so recht wissen, mit welchen Bewertungen diese Gefühle zusammenhängen. Nehmen wir an, Sie werden wütend, wenn Ihr Kind sein Zimmer nicht aufräumt. Das Gefühl der Wut ist Ihnen ganz deutlich. Aber womit hängt es zusammen? Vielleicht sehen Sie die Unordnung als Beweis dafür an, daß Sie als Erziehungsperson versagt haben. Vielleicht machen Sie sich Sorgen um Ihr Kind, weil Sie denken, wer äußerlich keine Ordnung halten kann, der wird auch innerlich verwahrlosen. Vielleicht finden Sie, daß Aufräumen und Ordnung halten sehr wichtig ist, oder Sie ärgern sich, weil das Aufräumen nun wieder an Ihnen hängenbleibt.

● *Unklarheit, weil bestimmte Gebiete der inneren Welt gemieden werden:* Manche Ereignisse und auch manches in uns selbst mögen wir gar nicht gern. Vielleicht paßt es nicht in unser Bild von der Welt oder von uns selbst. Oder es ist lästig, unangenehm, peinlich. Dann kann es sein, daß wir versuchen, die Augen davor zu verschließen, es innerlich wegzuschieben. Wir wollen es nicht wahrhaben. Das gelingt uns gelegentlich so gut, daß wir selbst nicht mehr wissen, daß wir uns etwas vormachen.

Beispiele: Wir haben einen Konkurrenten im Berufsleben überflügelt und sehen, daß er darüber deprimiert ist. Aufkommende Gefühle von Mitleid schieben wir weg, weil wir ein harter Karrieretyp sein wollen. Oder aufkommende Triumphgefühle schieben wir weg, weil wir gerne ein durch und durch sozialer, mitfühlender Mensch wären. — Wenn es Probleme gibt, geben wir anderen die Alleinschuld daran und versuchen, nicht daran zu denken, welche Fehler wir selbst gemacht haben. — Wir vermeiden, uns klarzumachen, wieviel wir unseren Eltern verdanken und wieviel Sorgen wir ihnen bereitet haben, weil wir uns dann vielleicht weniger großartig vorkämen. — Wir vermeiden schwierige Aufgaben und Herausforderungen, damit wir nicht mit unseren Grenzen und unserem Scheitern konfrontiert werden. — Wir können es uns nicht eingestehen, daß wir uns bei der Wahl unseres Ehepartners geirrt haben. Eine Scheidung würden wir irgendwie als Versagen empfinden.

Dieses Nicht-wahrhaben-Wollen kann manchmal auch hilfreich sein. Es schützt uns vor zu starken Belastungen. Wenn bei uns zum Beispiel eine schwere Krankheit festgestellt wird, kann es günstig sein, wenn wir uns nicht sofort über alle Aspekte dieser Krankheit informieren, sondern uns eine Zeitlang etwas vormachen (vielleicht hat der Arzt sich getäuscht; vielleicht verläuft es bei mir ganz harmlos) oder uns ablenken.

Vielen Menschen ist nicht bewußt, daß ihre Erlebniswelt nicht dasselbe ist wie die äußere Welt. Sie sind überzeugt: Meine Art, die Dinge zu sehen, ist die einzig mögliche oder richtige. Meine Sicht der Realität ist die Realität. Dies führt nicht nur zu Unverständnis und Intoleranz zwischen den Menschen, sondern — wie wir noch sehen werden — auch zu seelischen Problemen.

Die innere Welt erforschen

Eines der Hauptmerkmale eines Gesprächspsychotherapeuten ist sein Bemühen um einfühlendes Verstehen (Fachausdruck: empathisches Verstehen oder Empathie). Es bedeutet: Er hat den Wunsch, die inneren Welten seiner Klienten kennenzulernen. Er möchte sich gerne in den anderen einfühlen und ihn verstehen: Wie sieht mein Klient seine Situation? Wie sieht er sich selbst als Person? Welche Bedeutung sieht er in den Erfahrungen, die er macht? Was fühlt er? Wie sieht die Welt mit *seinen* Augen betrachtet aus? Und er möchte ihm helfen, auch die wenig erforschten Gebiete zu betreten und zu erkunden. Er möchte ein Begleiter auf seiner Expedition nach innen sein.

Dazu ist es nötig, daß der Therapeut wirklich hört, was der Klient sagt. Es ist ein ganz besonderes Zuhören, mit höchster Konzentration. Eigene Gedanken, Erlebnisse, Gefühle stellt der Therapeut dabei, so gut er kann, zurück. Im Idealfall ist sein Bewußtsein völlig erfüllt von dem, was er von seinem Klienten wahrnimmt.

Über das Gehörte und Wahrgenommene denkt er zunächst nicht nach. Er versucht nicht, es fachlich zu analysieren oder zu bewerten. Er denkt zum Beispiel *nicht:* „O Gott, das ist ja schrecklich, was dieser Frau alles passiert ist!" — „Das sollte sie lieber nicht tun." — „Sie hat einfach zuviel Angst." — „Wie kann ich ihr bloß helfen?" — „Langweilig, was sie da erzählt." — „Typischer Fall von Herzneurose." Falls Gedanken dieser Art doch auftauchen sollten, versucht der Therapeut sie wieder fallenzulassen, sich nicht damit zu beschäftigen.

Er konzentriert sich jedoch nicht nur auf die Worte des Klienten, sondern ist auch bemüht, das zu erfassen, was der Klient gleichsam zwischen den Zeilen ausdrückt, was an feineren Regungen mitschwingt, was sich vielleicht nur am Tonfall oder am Gesichtsausdruck ablesen läßt.

Nur Zuhören ist aber nicht ausreichend. Zum einen muß der Therapeut überprüfen, ob das, was er hört, auch das ist, was der Klient tatsächlich meint. Zum anderen muß der Klient klar erkennen können, daß der Therapeut tatsächlich zuhört und versteht und nicht nur dasitzt, freundlich nickt und mit seinen Gedanken ganz woanders ist. Und zum dritten fördert bloßes Zuhören nicht optimal das Erforschen unbekannter oder vermiedener Gebiete der inneren Welt.

Dies alles erreicht der Therapeut erst dadurch, daß er dem Klienten fortlaufend *sagt,* was er von ihm verstanden hat.

Das Verstandene mitteilen

In diesem Abschnitt werde ich einige Beispiele für Therapeutenäußerungen geben. Bei der schriftlichen Darstellung geht dabei etwas Wichtiges verloren: der Tonfall. Bitte stellen Sie sich die Äußerungen in einem vorsichtig-fragenden Tonfall gesprochen vor. Der Therapeut weiß ja nicht, ob er richtig verstanden hat. Er tastet sich langsam vor. In seinem Tonfall schwingt unausgesprochen immer die Frage mit: Habe ich Sie richtig verstanden? Verhält es sich so? Kann man es so ausdrücken? Im Text sollen die Satzzeichen „!?" am Ende einer Äußerung diesen fragenden Tonfall andeuten.

Ein etwa 45jähriger Klient sagte unter Tränen: „Vor zwei Jahren hab' ich meinen Sohn verloren. Er hat sich totgespritzt mit Drogen. Ich kann nicht darüber wegkommen." Diese Äußerung enthält Informationen über äußere Sachverhalte: Der Klient hatte einen Sohn, der Sohn war drogenabhängig, und er ist vor zwei Jahren daran gestorben. Sie enthält jedoch auch deutliche Hinweise auf die innere Welt des Klienten, auf die Art und Weise, wie er diese Sachverhalte bewertet und gefühlsmäßig darauf reagiert: Er bewertet den Tod des Sohnes als einen Verlust, und er hat diesen Verlust noch nicht verschmerzt. Er ist traurig darüber, ja seine Tränen deuten an, daß er vielleicht sogar verzweifelt ist.

Möglicherweise gibt es noch weitere wichtige Gefühle und Bewertungen, etwa Selbstvorwürfe, daß er den Tod des Sohnes auch nach zwei Jahren immer noch nicht überwunden hat, Schuldgefühle dem Sohn gegenüber oder Angst, daß seinen anderen Kindern Ähnliches passieren könnte. Aber das sind Spekulationen. Er hat es bisher in keiner Weise ausgedrückt. Der Therapeut stellt weder solche Spekulationen an, noch geht er auf die äußeren Sachverhalte ein. Er konzentriert sich auf das, was der Klient von seiner inneren Welt zu erkennen gegeben hat: „Sie sind verzweifelt über diesen Verlust!?"

Bitte beachten Sie: Die Therapeutenäußerung beschreibt nicht einfach dasselbe, was der Klient gesagt hat, mit anderen Worten, etwa: „Sie werden nicht fertig damit!?" Denn so etwas könnte bei Klienten Gedanken auslösen wie: „Ja, das hab' ich doch gerade gesagt, der Therapeut scheint etwas begriffsstutzig zu sein." Sondern die Äußerung konzentriert sich auf die Bewertung eines Ereignisses (Verlust) und das damit zusammenhängende Gefühl (Verzweiflung) und drückt dies prägnanter aus, als der Klient es getan hat.

Bei einer guten, einfühlsamen Äußerung des Therapeuten denkt der Klient niemals: „Das hab' ich doch gerade gesagt", sondern „Ja, genau! Das ist es!" oder, noch besser: „Ich habe es bisher nicht so gesehen, aber wenn ich jetzt darüber nachdenke, wird mir klar: Genauso ist es."

3

Wie wirkt einfühlendes Verstehen?

Wir wollen uns nun der Frage zuwenden, wie sich psychische Probleme durch das einfühlende Verstehen bessern können.

Empathisches Verstehen führt zu einer ganzen Reihe von hilfreichen Veränderungen, die sich zu zwei Komplexen zusammenfassen lassen:

1. angenehme Gefühle und
2. Selbstklärung.

1. Angenehme Gefühle

Die meisten von uns haben es ausgesprochen gern, wenn jemand uns versteht. Dies gilt besonders, wenn wir uns in seelischer Not befinden, wenn das Verstehen tief ist und sich auf Bereiche richtet, die uns persönlich wichtig sind. Gerade wenn wir unglücklich, deprimiert oder ängstlich sind, entwickeln sich bei uns oft Gefühle, Gedanken und Verhaltensweisen, die unsere Mitmenschen kaum verstehen können. Wir wirken seltsam auf sie. Um so mehr freut es uns dann, wenn uns mit dem Therapeuten endlich ein Mensch begegnet, der uns, wie seltsam wir auch immer sein mögen, wirklich versteht. Manche Menschen fühlen sich wie aus einer tiefen Einsamkeit erlöst. Sie empfinden Dankbarkeit und Vertrauen dem Therapeuten gegenüber.

Der Begründer der Gesprächspsychotherapie, der amerikanische Psychologe Carl Rogers, schreibt in seinem Buch „Der neue Mensch": „Fast immer, wenn jemand erkennt, daß er in der Tiefe gehört wurde, füllen sich seine Augen mit Tränen. Ich glaube, daß es in einem ganz realen Sinn Tränen der Freude sind. Es ist, als sage er: ‚Gott sei Dank, jemand hat mich gehört. Jemand weiß, was es bedeutet, ich zu sein.'"

Diese angenehmen, teilweise äußerst bewegenden und beglückenden Gefühle sind therapeutisch von höchster Bedeutung:

● sie fördern die Selbstöffnung
● sie sind ein Gegengewicht zu belastenden Gefühlen
● sie heben die Stimmung
● sie erleichtern Neubewertungen
● sie machen aktiver
● sie erleichtern Kontakte mit Mitmenschen
● sie beeinflussen über das autonome Nervensystem viele Vorgänge im Körper

Förderung der Selbstöffnung:
Wenn ein Klient spürt, wie schön es ist, verstanden zu werden, wird er versuchen, dieses angenehme Gefühl häufiger zu erleben. Er erzählt daher immer mehr von sich und öffnet seine innere Welt dem Therapeuten. Dies ist natürlich auch unbedingt notwendig, damit ein hilfreiches Gespräch überhaupt zustande kommen kann. Aber es ist auch schon selbst eine Hilfe.

Das Sprechen über wesentliche persönliche Bereiche allein bringt in der Regel bereits eine deutliche Erleichterung mit sich. Wie kommt das? Es ist ein großer Unterschied, ob wir mitten in einem belastenden Gefühl drinstecken, ob wir ein Gefühl leben, ob wir von einem Gefühl ganz erfüllt oder beherrscht sind — oder ob wir darüber sprechen. Dazu müssen wir es nämlich beobachten und darüber nachdenken, wie es sich sprachlich am besten beschreiben läßt. Dies ist unweigerlich mit einer inneren Distanzierung verbunden. Das belastende Gefühl wird dadurch zwangsläufig schwächer. Die Erregung nimmt ab, wir beruhigen und entspannen uns mehr.

In einer wissenschaftlichen Untersuchung wurden die Teilnehmer gebeten, an vier Tagen jeweils 20 Minuten lang aufzuschreiben, was sie im Leben am stärksten seelisch getroffen hat — möglichst etwas, worüber sie noch niemals zuvor mit jemandem gesprochen haben. Ergebnis: Einige Wochen danach ging es den Schreibern sowohl seelisch als auch gesundheitlich besser als einer Vergleichsgruppe, die ihre schmerzlichen Erfahrungen nicht aufgeschrieben hatte.

Ein weiteres Ergebnis war jedoch: Während des Schreibens und unmittelbar danach fühlten die Teilnehmer sich zunächst deutlich *schlechter*. Dazu ist der folgende Punkt wichtig.

Verstanden werden ist ein Gegengewicht:
Wenn wir uns Sorgen machen und unsere Aufmerksamkeit voll auf etwas Negatives lenken, dann nehmen unsere Gefühle von Traurigkeit, Ärger, Angst

oder Hilflosigkeit zunächst zu. Deshalb versuchen viele Menschen, an etwas anderes zu denken. Sie lenken sich ab oder betäuben sich mit Alkohol oder Beruhigungsmitteln. Dies *kann* hilfreich sein — etwa, wenn Schwierigkeiten nur selten auftauchen und vorübergehender Natur sind. Aber viele seelische Probleme lassen sich auf Dauer nur mindern, wenn man sich mit ihnen auseinandersetzt.

Das Gefühl, verstanden zu werden, hilft uns dabei, die seelischen Schmerzen zu ertragen, die mit einer solchen Auseinandersetzung verbunden sind. Wir schrecken weniger davor zurück, den Schwierigkeiten ins Auge zu sehen und uns auch mit unseren eigenen Fehlern und Schwächen zu befassen.

Gehobene Stimmung:
In einer Therapiestunde wiederholt sich das Verstehen immer und immer wieder. Dies führt nach einiger Zeit dazu, daß sich unsere Stimmung bessert. Unser Grundgefühl geht mehr in Richtung Tatkraft, Gelassenheit und Zuversicht. Es hält auch nach der Therapiestunde noch eine Zeitlang an und wirkt der müden, apathischen oder ängstlich erregten Stimmung entgegen, die normalerweise mit psychischen Störungen verbunden ist. Dieses positive Grundgefühl hat weitere, höchst bedeutsame Auswirkungen. Diese sind:

Gehobene Stimmung erleichtert Neubewertungen:
Wie ich in dem Abschnitt über die innere Welt schon angedeutet habe, sind ungünstige Bewertungen ein wesentlicher Grund für belastende Gefühle. Meistens

sind es nicht nur die Ereignisse selbst, die uns zu schaffen machen, sondern vor allem die Art, wie wir sie beurteilen, wie wir sie sehen.

Es gibt einen interessanten Zusammenhang zwischen Stimmung und Sichtweise: Wenn wir uns wohlfühlen, dann sehen wir alles in einem bedeutend freundlicheren Licht als in schlechter Stimmung. Unsere Probleme erscheinen uns viel kleiner und leichter lösbar. Unsere Schwächen und Fehler verlieren in unseren Augen an Gewicht, Selbstzweifel und Selbstvorwürfe nehmen ab, wir trauen uns mehr zu. Wenn wir auf unser Leben zurückblicken, so erinnern wir uns mehr an positive Ereignisse und an frühere Erfolge bei der Überwindung von Schwierigkeiten. In die Zukunft sehen wir mit mehr Optimismus. Unser Denken verliert an Starrheit, wird flexibler, kreativer, spielerischer. Wir sind eher bereit, auch einmal ungewöhnliche Sichtweisen auszuprobieren.

Gehobene Stimmung fördert Aktivität:
Die meisten seelischen Belastungen gehen nicht allein dadurch weg, daß man darüber redet — man muß auch etwas tun. Deswegen ist es gut, daß eine gehobene Stimmung unsere Bereitschaft, aktiv zu werden, enorm erhöht. Wir bekommen den nötigen Schwung, das in die Tat umzusetzen, was wir in der Therapie als wünschenswert erkennen. Wir raffen uns leichter auf, etwas zu unternehmen, was uns guttut, zum Beispiel Sport treiben, in die Natur hinausgehen, uns in Gesellschaft begeben oder aufgeschobene Arbeiten erledi-

gen. Wir schaffen es eher, uns neuen Erfahrungen auszusetzen, etwas auszuprobieren.

Gehobene Stimmung erleichtert Kontakte:
Wenn die gehobene Stimmung über das Ende der Therapiestunde hinaus anhält, so wirkt sich das günstig auf das Zusammensein mit anderen aus. Menschen verbringen ihre Zeit im allgemeinen lieber mit Personen, die in guter Stimmung sind. Die Klienten machen die Erfahrung, daß sie für andere attraktiver werden. Das Zusammensein wird befriedigender. So machen Klienten zusätzliche positive Erfahrungen, die ihr Selbstwertgefühl aufbauen.

Gehobene Stimmung dient der Gesundheit:
Seelische Belastungen wirken sich auch auf unseren Körper aus. Häufig treten Beeinträchtigungen des körperlichen Wohlbefindens oder kleinere Gesundheitsstörungen auf wie Kopf- und Rückenschmerzen, sexuelle Schwierigkeiten, Schwierigkeiten im Verdauungssystem, Schlafstörungen, Kreislaufprobleme, Häufung von Infektionen. Sie sind meist Folgen überhöhter Erregung oder Fehlsteuerungen im vegetativen Nervensystem und im Immunsystem des Körpers. Bei guter Stimmung klingen diese Übererregungen ab, Fehlsteuerungen normalisieren sich, und die Beschwerden verschwinden allmählich.

Die große Bedeutung positiver Gefühle und Stimmungen wird uns auch durch folgendes deutlich: Wenn wir uns täglich ein- bis zweimal tief entspannen, zum Beispiel mit Hilfe des autogenen Trainings, so führt dies nach wenigen Wochen nachweislich zu einer deutlichen Besserung vieler seelischer und körperlicher Beschwerden, unter anderem auch zu einer positiveren Meinung über sich selbst. Das Wesentliche an systematischer Entspannung ist ein sehr angenehmes Körpergefühl und eine tiefe Beruhigung. Es findet dagegen keine Selbstklärung statt, kein „Durcharbeiten" von Gefühlen und Erfahrungen, keine Ursachenforschung, keine besondere Art der therapeutischen Beziehung. All das scheint bei vielen seelischen Schwierigkeiten nicht unbedingt nötig zu sein, sofern die Klienten regelmäßig etwas tun, was beruhigend und stimmungsfördernd wirkt.

Wenn Sie sich in eine Gesprächspsychotherapie begeben, achten Sie bitte darauf, ob Ihre Stimmung nach den Gesprächen besser ist als vorher. Dies kann nicht nach jedem Gespräch so sein, aber doch nach der überwiegenden Mehrzahl. Falls Sie öfter die Gespräche mit einem schlechteren Gefühl verlassen, als Sie hineingegangen sind, so ist das ein ernstes Warnzeichen. Informieren Sie Ihren Therapeuten darüber, und scheuen Sie sich nicht, die Therapie nötigenfalls abzubrechen. Therapien, die nicht von vornherein befriedigend verlaufen, werden in aller Regel mit der Zeit auch nicht besser.

Soviel zur ersten Auswirkung des einfühlenden Verstehens, den wohltuenden gefühlsmäßigen Erfahrungen. Jetzt kommen wir zur zweiten Auswirkung: Selbstklärung.

2. Selbstklärung

Was ist Selbstklärung?
Jeder von uns hat sicherlich schon einmal Selbstklärung betrieben. Vielleicht in einer ruhigen Stunde, wenn wir allein sind, auf einem Spaziergang oder im Gespräch mit Freunden. Wir denken dann über uns selbst und unser Leben nach. Wir suchen Antworten auf Fragen wie: „Warum habe ich das gemacht? Finde ich mein Verhalten richtig? Wieso habe ich dieses ungute Gefühl? Was möchte ich erreichen? Welche Erwartungen hatte ich? Was werde ich tun? Wie ist mein Leben bisher verlaufen, und welche Schlußfolgerungen ziehe ich daraus? Welchen Sinn sehe ich in meinem Beruf, meinem Familienleben? Was ist mir wichtig? Woran glaube ich?"

Vermutlich haben Sie dabei etwa folgende Erfahrungen gemacht: Es ist gar nicht so einfach, sich solche Fragen ehrlich zu beantworten, da man dabei ja auch über unangenehme Seiten von sich nachdenken muß. Und manchmal ist man auch zu unkonzentriert oder aufgeregt, und trotz heftigen Nachdenkens stellt sich keine Klarheit ein. Die Gedanken drehen sich nur grüblerisch im Kreise.

Wenn Sie diese Schwierigkeiten überwinden, dann kommt es zu positiven Erfahrungen und neuen Sichtweisen: Ihnen wird zum Beispiel deutlich, daß Ihr Verhalten richtig war, daß Sie Ihr Leben über weite Strecken akzeptieren können, daß es vieles gibt, was Sie mit Dankbarkeit erfüllt. Oder Sie fassen einen Ent-

schluß und vermindern dadurch eine belastende Ungewißheit. Oder Sie sehen deutlicher, welche Ziele Ihnen
eigentlich wirklich wichtig sind und welche ersten
Schritte Sie unternehmen müssen. Oder Ihnen wird
klar, was Sie selbst dazu beitragen, daß es in Ihrer
Partnerschaft so viele Spannungen gibt. Insgesamt:
Sie fühlen sich besser oder haben konkrete Ansätze
gefunden, etwas zu ändern.

Ein Therapeut sieht es als seine Aufgabe an, Ihnen
bei der Selbstklärung durch einfühlendes Verstehen
(Empathie) zu helfen. Wieso fördert Empathie die
Selbstklärung?

- Sie verhindert Vermeidung von Selbstklärung.
- Sie macht Selbstklärung wirksamer.

Empathie — der sanfte Zwang:
Viele Klienten beschränken sich zunächst darauf, zu
berichten, was ihnen zugestoßen ist oder in welcher
Lage sie sich befinden. Häufig beklagen sie sich auch
über das Verhalten anderer, über widrige Umstände
und über Ungerechtigkeiten. Dies erleben viele als unmittelbar erleichternd. Schwerer ist es schon, sich
selbst zu öffnen, über die eigene Person zu berichten,
aus der inneren Welt, also wie man die Dinge und sich
selbst sieht, welche Wünsche man hat und wie man
gefühlsmäßig reagiert. Am meisten Überwindung kostet es jedoch, sich die Fragen der Selbstklärung zu
stellen.

Da der Therapeut sich aber vor allem intensiv um
eine Klärung der inneren Welt bemüht, bleibt dem

Klienten letztlich gar nichts anderes übrig, als sich ebenfalls damit auseinanderzusetzen.

Betrachten wir zum Beispiel folgende Äußerung eines Klienten: „Oh, meine Mutter! Die muß sich ja in alles einmischen!" Dies ist zunächst nur ein Bericht über eine andere Person. Aber wegen der Art, wie der Klient spricht, und im Zusammenhang mit dem, was er uns vielleicht vorher schon berichtet hat, können wir etwas über seine innere Welt vermuten: Es ist ihm nicht recht, daß die Mutter sich einmischt, er ärgert sich darüber. Der Therapeut sagt also mit einem fragenden Tonfall: „Sie ärgern sich darüber!?" Das veranlaßt den Klienten, sich seiner inneren Welt zuzuwenden. Er beginnt, sich selbst Fragen zu stellen: „Ist das so, wie mein Therapeut sagt? Ist es Ärger? Oder was fühle ich da eigentlich? Ist es nicht vielmehr so, daß ich mich bevormundet fühle?" Es wird ihm nahegelegt, jetzt nicht weiter über die Mutter zu klagen, sondern zu klären, welches Gefühl er eigentlich empfindet. Er wird immer wieder ermutigt, der Auseinandersetzung mit sich selbst nicht auszuweichen.

Wirksamere Selbstklärung:
Bei der Selbstklärung kommt es darauf an, daß wir ehrlich mit uns selbst sind, alle Gefühle, Gedanken und Erfahrungen dem Bewußtsein zulassen und unser Fühlen als wichtige Information mitverwenden. Der Therapeut hilft uns dabei: 1. Er geht häufig auf unser Fühlen ein und verhindert so, daß wir statt Selbstklärung theoretische Analysen betreiben. 2. Er bewertet

unsere Gedanken, Gefühle, Wünsche und Erfahrungen nicht. Er sagt nicht (und denkt auch nicht) Dinge wie: Dieser Wunsch ist kindisch. Das sollten Sie lieber anders sehen. Was für ein absurder Gedanke. Sondern: alles, was ein Klient sagt, wird gleichermaßen akzeptiert. So spürt ein Klient bald: Hier brauche ich nichts vorzuspielen. Egal, was ich sage, das zwischenmenschliche Klima in der Therapie bleibt davon ganz unberührt.

Allmählich übernehmen Klienten diese Haltung auch sich selbst gegenüber. Sie schämen sich immer weniger ihrer Wünsche, Gefühle und Gedanken. Sie nehmen sie als Tatsachen an und versuchen, konstruktiv damit umzugehen. Sie bewerten ihre innere Welt und sich selbst weniger negativ. Sie werden immer freier darin, ehrlich und offen mit sich selbst zu leben.

Gibt es besonders wichtige Themen für die Selbstklärung?
Vielleicht fragen Sie sich: „Wenn ich in einer Gesprächspsychotherapie wäre — worüber soll ich nachdenken, was soll ich klären, was ist am wichtigsten?" Im allgemeinen können Sie sich hier auf Ihr Fühlen verlassen. Was Sie selbst als wichtig empfinden, was Sie am meisten belastet, was Sie selbst gerne klären möchten — das sind sicher auch die besten Themen.

Zwei Fragen will ich Ihnen jedoch noch besonders ans Herz legen: 1. Was sind eigentlich meine Ziele? Was will ich mit der Therapie erreichen? Wie müßte mein Leben eigentlich aussehen, damit ich damit zufrieden wäre? — 2. Was könnte ich heute *tun*, um mich wohler zu fühlen, um meinen Zielen näherzukommen? Was wäre der nächste konkrete Schritt?

Das folgende Gespräch verdeutlicht, wie einfühlendes Verstehen die Selbstklärung fördert. Der Klient ist ein 27jähriger Lehrer. Er leidet unter vielen Ängsten und anderen Problemen. In seinen letzten Äußerungen sprach er über seine Schwierigkeit, nicht „Nein" sagen zu können.

> Th: Wenn ich Sie recht verstehe, ist es so: Sie glauben, wenn Sie „Nein" sagen würden, daß man es bei Ihnen als Unhöflichkeit empfinden würde!?
>
> Kl: Ja, ja, ich hab' das Gefühl. Vor allen Dingen, mitunter sage ich auch „Ja" und „Nein" zugleich. Aber das ist möglicherweise — das könnte erziehungsbedingt sein. Ich war so dressiert: Wenn ich als Kind etwas geschenkt bekam, dann hab' ich immer erst auf meine Mutter geguckt. Wenn die „Ja" nickte, habe ich es angenommen, sonst nicht.
>
> Th: Daß Sie durch die Erziehung nicht selbständig geworden sind und keinen eigenen Maßstab haben?
>
> Kl: Ja. Es ist sonderbar, daß ich gar keinen eigenen Maßstab hab', daß ich — ja — taucht mir jetzt zum ersten Mal auf — keinen eigenen Maßstab. Stimmt. (15 Sekunden Pause.)

Nach einigen Abschweifungen kommt er etwas später auf das Thema zurück.

> Kl: Aber mit dem Maßstab, das ist richtig. Man kann doch durchaus in allen Dingen seinen eigenen Maßstab haben.
>
> Th: Ist es so, daß Sie meinen, Sie könnten da nicht auf Ihre eigenen Erfahrungen und Ihre Gefühle als Maßstab vertrauen?

Kl: Ich auf meine Gefühle als Maßstab? Nee.

Th: Verstehe ich Sie da richtig: Sie denken, wenn Sie Ihren Gefühlen folgen würden, es wäre kein guter Maßstab für Ihr Verhalten? (40 Sekunden Pause.)

Kl: Ich — (10 Sekunden Pause.)

Th: Der Gedanke ist Ihnen ganz fremd, und Sie müssen fast lächeln dabei!?

Kl: Ja, ja.

Th: Und Sie halten es gar nicht für möglich, daß Sie Ihre eigenen Erfahrungen und Gefühle als Gradmesser benutzen!?

Kl (stockend, mit vielen längeren Pausen): Es wär' eigentlich 'ne wunderbare Sache, wenn ich meinen Gefühlen trauen könnte. Aber ich wag' das eigentlich noch gar nicht zu glauben. Das wäre eigentlich so die Erlösung von all dem — aber — sagen Sie, meinen eigenen Gefühlen trauen zu können — es ist vollkommen neu. Meine Gefühle bestanden bisher aus dogmatischen Erziehungsgrundsätzen.

Th: Ich weiß nicht, ob Sie es tun sollten, ich meinte nur, bei Ihnen herauszuhören, daß Sie es bisher kaum tun!?

Kl: Ja, ja. (Pause) Ich hatte mal ein Gefühl, als trüge ich eine Steinplatte in meiner Brust, wo eingemeißelt war römisch I bis X, so 'ne Platte, wie der Moses sie bekommen haben soll.

Th: Daß diese Gesetze es sind, die Ihr Leben bestimmen!?

Kl: Ja, aber die Steine sind so schwer, daß es einen vollkommen niederdrückt. Also Lachen oder Fröhlichsein — da weiß ich nichts von.

Th: Sie sehnen sich danach!?

Zum ersten Mal tritt der Klient hier dem Gedanken näher, daß er selbst bestimmen kann, was für ihn richtig oder falsch ist, und daß seine eigenen Erfahrungen und Gefühle ihm bei diesen Werturteilen helfen können. Er beginnt auch, den Zusammenhang zu spüren

zwischen seiner Freudlosigkeit und seiner Fremdbe-
stimmung.

Einige Fragen zur Empathie

Im folgenden möchte ich Fragen beantworten, die mir
von Klienten und in der Ausbildung befindlichen Therapeuten häufiger gestellt wurden.

Bedeutet Empathie verständnisvoll zu sein?
Wenn wir von verständnisvollen Eltern oder Lehrern
sprechen, dann meinen wir meist: sie sind freundlich,
nachsichtig, tolerant, gehen auf die Wünsche der ihnen Anvertrauten ein. Dagegen ist einfühlendes Verstehen das fortlaufende, genaue Wahrnehmen und Er-
schließen der psychischen Vorgänge des Klienten. Der
empathische Therapeut sagt nicht „Dafür habe ich
Verständnis" oder „Das kann ich gut verstehen". Er
teilt dem Klienten vielmehr in möglichst treffenden
Worten das mit, was er verstanden hat. Auf Verständnis zu stoßen, wird als angenehm und unterstützend
erlebt; Empathie geht entscheidend darüber hinaus,
indem sie außerdem die weitere Selbstklärung erleichtert, ja teilweise erst ermöglicht.

Bedeutet Empathie mitzuleiden?
Dies wäre verhängnisvoll. Zum einen wollen die
meisten Klienten kein Mitleid, zum anderen könnte
auf Dauer kein Therapeut zufrieden und leistungsfä-
hig bleiben, wenn er mit jedem Klienten in tiefer Wei-

se mitleiden würde. Einfühlendes Verstehen bedeutet vielmehr, die Welt so wahrzunehmen, *als ob* man der andere wäre. Dieses „als ob" ist dabei von ausschlaggebender Bedeutung. Sich in die Lage und Sichtweise des anderen hineinzuversetzen heißt nicht, sich mit ihm zu identifizieren.

Bedeutet Empathie, auf Gefühle einzugehen?
Empathie darf sich keinesfalls auf das Fühlen der Klienten beschränken. Ein Eingehen nur auf Gefühle führt dazu, daß diese zunächst intensiver erlebt werden. Dies kann für manche Klienten, die bereits sehr ängstlich oder erregt sind, zu belastend sein. Und ferner: Auch wenn bei weiterem Eingehen auf Gefühle der Klient diese allmählich mit mehr Distanz erlebt und zu einer Beruhigung kommt, so werden dadurch doch wesentliche Vorgänge zu wenig gefördert: die Auseinandersetzung mit Einstellungen und Bewertungen, die mit diesen Gefühlen verknüpft sind, und das Suchen nach Möglichkeiten, die belastenden Gefühle durch Handlungen zu verändern.

Empathie heißt also, auf Gefühle *und* die damit zusammenhängenden Einstellungen, Gedanken und Bewertungen *und* Handlungsmöglichkeiten einzugehen. Nehmen wir ein Beispiel. Der Klient sagt: „Wenn ich an die Prüfung in vier Wochen denke, dann überfällt mich eine lähmende Angst. Ich glaube, ich lasse mir Beruhigungsmittel verschreiben."

Ginge der Therapeut nur auf das Gefühl ein, so würde er etwa sagen:

Th: Sie geraten da fast in Panik!?

Der Klient würde dann wahrscheinlich seiner Angst nachspüren und vielleicht sagen:

Kl: Panik ist vielleicht zuviel gesagt, aber es ist doch eine starke Furcht.
Th: So ein ganz starkes Gefühl der Bedrohung!?
Kl: Ja, ich träume sogar schon davon.
Th: So daß auch die Nächte für Sie voller Schrecken sind!?
Kl: Ja, es ist furchtbar.

Bei richtig verstandener Empathie würde sich das Gespräch vielleicht so entwickeln:

Th: Sie geraten da fast in Panik (Gefühl), und Sie glauben, daß Sie es nicht schaffen (Bewertung)!?

Jetzt würde der Klient sich vermutlich damit auseinandersetzen, ob seine Angst damit zusammenhängt, daß er glaubt, durch die Prüfung zu fallen. Vielleicht sagt er:

Kl: Letzten Endes glaube ich schon, daß ich es schaffen werde, aber ich habe einen Horror vor der vielen Vorbereitungszeit, die da auf mich zukommt.
Th: Ja, es ist der Arbeitsaufwand, vor dem Sie Angst haben (Gefühl), und Sie sehen kaum eine Möglichkeit außer Beruhigungsmitteln (Handlungsmöglichkeit)!?
Kl: Na ja, ich könnte mich ja vielleicht einer Arbeitsgruppe anschließen.

Der Klient sieht also klarer, womit seine Gefühle zusammenhängen, und er beginnt darüber nachzudenken, was er tun könnte, um die Belastungen zu vermindern.

Wiederholt der Therapeut nicht nur das, was der Klient sagt?

Das wäre eine sehr oberflächliche Art des Verstehens. Beispiel: Ein Klient, dessen Partnerin sich von ihm getrennt hat, sagt:

> Kl: Wenn ich nach Hause gehe, kommt mir die Wohnung so leer vor.
> Th: Ja, Sie kommen nach Hause, und die Wohnung ist so leer?

Mit Empathie hat das wenig zu tun. Empathie bedeutet, daß der Therapeut über den Inhalt des klar Gesagten hinaus erahnt, welche Gefühle, Bedeutungen, Einstellungen oder Bewertungen in der Äußerung mitschwingen.

> Kl: Wenn ich nach Hause gehe, kommt mir die Wohnung so leer vor.
> Th: Ja, Sie vermissen dann Ihre Partnerin so sehr?

Wichtig ist, daß der Klient sich *tief* verstanden fühlt und *selbst* etwas Neues entdeckt. Hierbei nützt einfühlendes Verstehen enorm. Vielleicht hilft hier ein Vergleich: Wenn Menschen sich das erste Mal in einem Videofilm sehen oder auch nur Tonaufnahmen von sich hören, sind sie häufig überrascht: So sehe ich also wirklich aus? So bewege ich mich? So höre ich mich an? Sie kommen zu — teilweise schmerzlichen — Erkenntnissen über ihr Äußeres. In gewisser Weise ist ein klientenzentrierter Therapeut mit einer Videokamera vergleichbar, nur daß er sich nicht auf die äußere, sondern auf die innere Welt konzentriert.

Er spielt Ihnen als Klient gleichsam ein Video Ihrer Innenwelt vor. Gleich der Kamera analysiert und bewertet er nicht das, was er wahrnimmt. Er bemüht sich nur um eine möglichst präzise Wiedergabe dessen, was ist. Dabei nimmt er Blickwinkel ein, die Ihnen bisher nicht möglich waren. So wie die Kamera Sie etwa von hinten aufnehmen kann und Ihnen bisher ungesehene Seiten enthüllt, so hat der Therapeut mehr „Tiefenschärfe" und zeigt Ihnen Teile Ihrer Innenwelt präziser, als Sie selbst es zuvor gesehen hatten. Sie bekommen ein vollständigeres Bild von sich selbst.

Gibt es Gefahren bei der Selbstklärung?
Ich sehe vor allem drei Gefahren:

1. Es gibt Fragen, auf die man oft keine Antwort findet. Die Beschäftigung damit führt nicht recht weiter und kostet viel Zeit, die sich besser nutzen ließe. Zum Beispiel: Was ist der Sinn meines Lebens? Wer bin ich wirklich, was ist mein wahres Selbst? Warum ich? Hierzu gehört auch die Frage nach den Ursachen einer psychischen Störung. Es ist verständlich, daß Menschen gerne den Grund für ihre psychischen Schwierigkeiten wissen möchten. Aber die Frage ist praktisch nie mit Sicherheit zu beantworten, und gerade, wenn wir in seelischer Not sind, überfordern wir uns damit. Für die seelische Gesundung ist die Kenntnis der Ursachen auch gar nicht nötig. Günstiger ist dagegen die Frage: „Was hindert mich jetzt im Augenblick eigentlich daran, etwas für mein psychisches Wohlbefinden oder zur Erreichung meiner Ziele zu tun?"

2. Wenn wir als Folge häufiger Selbstklärung offener für unser Fühlen werden, werden wir dadurch auch verletzbarer. Es ist wichtig, daß wir Möglichkeiten kennen, uns vor seelischen Verletzungen zu schützen, ohne uns innerlich zu verhärten (siehe dazu das Kapitel „Kombinationstherapie").

3. Manchmal werden Menschen sozusagen süchtig nach Selbstklärung. Sie sind so fasziniert davon, daß sie beginnen, jede Gefühlsregung bis in die Tiefe auszuloten. Darüber kommt dann vielleicht die praktische Seite des Lebens zu kurz oder man verschreckt damit Partner und Freunde. Bitte bedenken Sie: Selbstklärung ist kein Selbstzweck. Viele Gefühle, Stimmungen und Schwierigkeiten sind vorübergehender Natur, bedeuten gar nichts und werden am besten einfach als Teil eines normalen Lebens akzeptiert.

Soll man seinen Gefühlen trauen und ihnen folgen?
Es ist wichtig, alle Gefühle möglichst ohne Bewertung zuzulassen. So erhalten wir häufig wertvolle Informationen über unseren augenblicklichen inneren Zustand und unsere äußere Situation. Gefühle können aber auch sehr verwirrend und schwankend sein, insbesondere in Zeiten der seelischen Beeinträchtigung. Manchmal haben wir gleichzeitig ein ganzes Bündel von Gefühlen, und einige davon sind möglicherweise geradezu gegensätzlich.

Gefühle sind ferner Reaktionen auf *gegenwärtige* Vorgänge. Sie berücksichtigen kaum die Zukunft. So fühlen wir uns bei einer schweren Depression zum Beispiel kurzfristig etwas wohler, wenn wir uns zurückziehen und ins Bett legen — langfristig verschlimmert sich unser Zustand dadurch. Oder: Wenn wir etwas Neues ausprobieren, so ist uns dabei häufig ängstlich zumute. Folgten wir dieser Angst, so würden wir uns kaum weiterentwickeln.

Insgesamt erscheint es mir daher günstiger, wenn wir neben unseren Gefühlen auch unser Wissen, unsere Erfahrungen und unseren Verstand heranziehen — alles ist gleich wichtig.

Soll man seine Wünsche und Gefühle ausleben?
Das Ziel der Therapie ist nicht, den Klienten zu ermutigen, alle seine Wünsche und Gefühle *auszuleben.* Dies ist häufig unmöglich und ließe sich mit unseren Pflichten und der Rücksichtnahme auf andere nicht vereinbaren. So können wir stärkere aggressive Impulse in der Regel nicht durch aggressives Verhalten ausleben. Wir würden andere damit verletzen und häufig auch uns selbst schaden.

Worauf es ankommt ist vielmehr: alles dem Bewußtsein ohne Bewertung zuzulassen und dann in Ruhe abzuwägen, welche Wünsche und Gefühle man ausleben oder stärken möchte und welche man lieber loslassen oder abbauen will. Es ist für die seelische Gesundheit ein großer Unterschied, ob sich jemand wegen eigener aggressiver Gefühle verurteilt, sie wegdrückt und so tut, als hätte er sie nicht, oder ob er sie innerlich zuläßt, sich aber bewußt dafür entscheidet, sie nicht auszuleben, sondern z. B. mit einem unbeteiligten Dritten darüber zu sprechen.

4

Achten, Wärme, Sorgen

Im vorigen Abschnitt ging es um den Wunsch des Therapeuten, die innere Welt seines Klienten einfühlend zu verstehen. Jetzt kommen wir zu der Frage: Wie sieht der Therapeut den Klienten, wie bewertet er ihn, und welche Folgen hat das in seinem Verhalten dem Klienten gegenüber? Carl Rogers drückt es so aus:

> „Ich vermute: persönliche Weiterentwicklung und andere Veränderungen treten um so eher auf, je mehr der Psychotherapeut eine warme, positive, akzeptierende Einstellung gegenüber dem erlebt, was in dem Klienten vor sich geht. Er achtet die Person des Klienten etwa so, wie Eltern gegenüber ihrem Kind fühlen: Sie schätzen es als Person unabhängig davon, wie es sich im Augenblick gerade verhält. Er hat seinen Klienten gern — in nichtbesitzergreifender Weise, als eine Person mit Entwicklungsmöglichkeiten. Dazu gehört, daß er dem Klienten alle Gefühle freimütig zugesteht, die im Augenblick in ihm lebendig sein mögen — feindselige oder liebevolle, Auflehnung oder Unterwürfigkeit, Selbstvertrauen oder Selbstverachtung. Es bedeutet, den Klienten zu lieben, so, wie er ist — vorausgesetzt, wir verstehen das Wort Liebe als gleichbedeutend mit dem theologischen Begriff ‚Agape‘ und nicht im üblichen romantischen und besitzergreifenden Sinne. Was ich hier beschreibe, ist ein Gefühl, das weder patriarchalisch noch sentimental, noch oberflächlich freundlich ist. Es achtet den anderen Menschen als ein eigenständiges Individuum und nimmt ihn nicht in Besitz. Es ist eine Zuneigung, die stark, aber nicht fordernd ist."*

---

* Aus dem Titel "The Interpersonal Relationship: The Core of Guidance" von 1962 (übers. v. Verf.).

Ich möchte auf einige Aspekte dieser klientenzentrierten Haltung näher eingehen: Achtung, gefühlsmäßige
Wärme, Sorgen für das Wohlergehen sowie Bedin-
gungslosigkeit dieser Haltung.

Achtung

Worin zeigt sich die Achtung des Therapeuten vor
dem Klienten? Hauptsächlich in zwei Bereichen:

- Er sieht den Klienten als Menschen, der grundsätz-
  lich denselben Wert hat wie er selbst.
- Er achtet das Recht auf Selbstbestimmung des
  Klienten.

Gleichwertigkeit:
Der Therapeut blickt nicht auf den Klienten herab,
sondern sieht ihn als gleichwertigen und gleichbe-
rechtigten Gesprächspartner. Er sieht in psychischen
Problemen keinen Makel oder Versagen, sondern
einen natürlichen Teil jedes menschlichen Lebens. Er
ist bescheiden genug, nicht zu vergessen, daß er selbst
eine Reihe von Schwierigkeiten, Fehlern und schwa-
chen Seiten hat. Er sieht mehr die Ähnlichkeiten zwischen sich und den Klienten als die Unterschiede. Er
verhält sich dem Klienten gegenüber so, wie er es sich
wünschen würde, wenn er selbst der Klient wäre. Er
übersieht nicht, daß der Klient neben seinen Schwierigkeiten auch Bereiche hat, in denen er über Fähigkeiten verfügt und Erfolge vorweisen kann. Er ist be-

reit, vom Klienten etwas für sein Leben zu lernen. Er nimmt den Klienten ernst, er glaubt ihm und vertraut ihm. Wenn der Klient es wissen möchte, ist er gern bereit, sich ihm zu öffnen, etwas Persönliches von sich preiszugeben. Er setzt sich mit dem Klienten an einen Tisch, und sein Stuhl ist nicht bequemer oder teurer als der des Klienten.

Selbstbestimmung:
Der Therapeut hält es für wünschenswert und möglich, daß der Klient über sich selbst bestimmt. Er fördert die Eigenständigkeit seiner Entscheidungen und respektiert sie. Er hat nicht den Wunsch, den Klienten zu kontrollieren oder zu manipulieren. Er glaubt nicht, daß der Klient am glücklichsten wäre, wenn er nur das täte, was der Therapeut für richtig hält.

Gefühlsmäßige Wärme

Gefühlsmäßige Wärme wird nicht so sehr durch Worte vermittelt, als vielmehr durch die Ausstrahlung des Therapeuten. Er verbreitet ein Klima von ehrlicher Herzlichkeit, indem er zum Beispiel ein offenes, freundliches und zugewandtes Gesicht macht. Er lächelt den Klienten an, berührt ihn oder nimmt ihn in den Arm, um ihn zu trösten. Er zeigt, daß er sich auf das Gespräch freut, daß der Klient willkommen ist. Er winkt oder nickt ihm zu. Sein Tonfall ist häufig weich und beruhigend. Er setzt sich nahe zum Klienten. Er nimmt Anteil und ist nachsichtig. — All dies ist nicht aufgesetzt, sondern entspricht seinem tatsächlichen Fühlen.

Sorgen für das Wohlergehen

Der Therapeut möchte, daß der Klient sich möglichst wohlfühlt. Er hat ja durch seine Schwierigkeiten seelische Schmerzen genug. Der Therapeut möchte durch sein Verhalten nicht noch weitere hinzufügen. So läßt er den Klienten nicht unnötig warten. Wenn er doch warten muß, bietet er ihm etwas zu lesen oder ein Getränk an. Er erinnert sich an bestimmte Vorlieben des Klienten, etwa einen bestimmten Stuhl, eine Sitzposition, und geht darauf ein. Er hilft dem Klienten bei schwierigen praktischen Aufgaben, etwa einen Brief an die Krankenkasse oder Behörde zu schreiben, gibt ihm nützliche Informationen, zum Beispiel über Selbsthilfegruppen oder medizinische Behandlung. Er geht auch einmal auf Themen ein, die nicht unmittelbar mit den Problemen des Klienten zusammenhängen, etwa auf ein Hobby des Klienten. Er äußert Anerkennung für den Klienten, etwa: „Danke für Ihr Vertrauen." — „Also, wie Sie das hingekriegt haben — ich bin beeindruckt!" Er macht dem Klienten eine Freude, schenkt ihm etwas oder leiht ihm etwas aus. Er ist auch außerhalb der Therapiestunden für kurze Gespräche telefonisch erreichbar. Er erlaubt dem Klienten, sein kleines Kind mitzubringen, wenn er es anderweitig nicht unterbringen kann. Er stellt dem Klienten Fragen, wenn er den Eindruck hat, daß dieser sich nicht traut, von sich aus bestimmte wichtige Themen anzuschneiden.

Bedingungslosigkeit

Achtung der Person, herzliche Wärme und Sorgen für das Wohlergehen sind nicht an Bedingungen geknüpft. Der Klient muß dafür keine Vorleistungen erbringen. Im Alltag erfahren wir oft Anerkennung oder Zuneigung nur dann, wenn wir uns so verhalten, wie unsere Mitmenschen es gern haben. Manche haben den Eindruck, sie müßten um Zuneigung geradezu kämpfen.

In der Gesprächspsychotherapie bekommen wir sie geschenkt. Der Therapeut sagt nicht: „Ich mag Sie, aber nur wenn Sie das und das tun oder sich so und so verhalten." Sein ganzes Wesen drückt vielmehr aus: „Ich mag Sie so, wie Sie sind." Das bedeutet nicht, daß der Therapeut jede einzelne Handlung oder Einstellung des Klienten gut findet — das tut der Klient ja selbst auch nicht. Eine Mutter drückte es mir gegenüber in einem Gespräch so aus: „Mein Sohn, das ist ein echter Rabauke, wissen Sie, der macht uns viel Sorgen. Aber neulich hab' ich zu ihm gesagt: ‚Du kannst noch so blöd sein, wie du willst, ich hab' dich trotzdem lieb, da kannst du nichts gegen machen.'"

Was ist, wenn ein Klient sich deutlich unsozial, vielleicht sogar gewalttätig verhält? Wird er in diesem Verhalten durch die akzeptierende Haltung des Therapeuten nicht noch verstärkt? Dies wäre nur der Fall, wenn der Therapeut irgendwie ausdrücken würde: „Das finde ich gut, was Sie da getan haben." Oder: „Da haben Sie völlig recht mit Ihrer Meinung."

Das tut er aber nicht. Vielmehr hält er sich weitestgehend mit Lob und Zustimmung für bestimmte Handlungen des Klienten zurück. Bedingungslose Achtung und Wertschätzung bedeutet: „Was immer Sie tun mögen, ich respektiere Sie als Person, ich schätze Sie, und ich bin um Ihr Wohlergehen bemüht." Es ist eine grundsätzliche Haltung dem Klienten gegenüber, die nicht von seinen Handlungen beeinflußt wird.

Das Verhalten des Klienten nicht zu bewerten, bedeutet nicht, daß der Therapeut keine deutlichen Werte oder Ziele für sein eigenes Leben hat. Er vermeidet es jedoch, den anderen danach zu beurteilen, ob er sich seinen Wertvorstellungen entsprechend verhält.

– 5 –
Wie wirken Achten, Wärme, Sorgen?

Nun komme ich zu der wichtigen Frage: Welche psychischen Vorgänge werden hierdurch beim Klienten ausgelöst, und in welcher Weise hilft es ihm? — Folgende Auswirkungen sind besonders bedeutsam:

1. angenehme Gefühle und verbesserte Stimmung,
2. mehr Selbstachtung,
3. Abbau von Fassaden.

1. Angenehme Gefühle, bessere Stimmung

Wohl alle Menschen brauchen liebevolle Zuwendung. Bei vielen haben sich gerade deshalb psychische Störungen entwickelt, weil sie diese Zuwendung jahrelang entbehren mußten. Manche sind geradezu ausgehungert danach, angenommen und gemocht zu werden. Wenn sie diese liebevolle Zuwendung in der Therapie erfahren, so blühen sie auf wie Pflanzen, die lange Zeit im Dunklen standen und nun in die Sonne kommen:

> „Ich hatte viele Gefühle, von denen ich fürchtete, daß die Leute darüber lachen oder sie zertrampeln würden. Ich hatte sie unter einer Betonschicht vergraben, was natürlich das Leben für meine Familie und mich zur Hölle machte. Der Wendepunkt für mich war eine Geste Ihrerseits, als Sie Ihren Arm um meine Schulter legten. Ihre Anteilnahme an dem Tag, als ich zusammenbrach, er-

schien mir so echt, daß ich ganz überwältigt war. Ich empfand diese Geste als ein Gefühl des Angenommenseins, eines der ersten, die ich je erlebt habe — ich, so dumm wie ich nun einmal bin mit meiner Kratzbürstigkeit und allem. Sie können sich vorstellen, welche Woge der Dankbarkeit, Demut, ja der Erlösung mich erfaßte. Mit unerhörter Freude schrieb ich: ‚Ich habe tatsächlich Liebe gespürt.'"*

Mit Achten, Wärme, Sorgen erfüllt der Therapeut ein besonders wichtiges Bedürfnis des Klienten. Das löst bei ihm positive Gefühle und nach einiger Wiederholung eine über das Ende der Therapiestunde hinaus anhaltende frohe Stimmung aus.

Einfühlendes Verstehen und Achten, Wärme und Sorgen ziehen also sozusagen an einem Strang. Ja, mehr noch: Durch einfühlendes Verstehen werden Achten, Wärme, Sorgen erst richtig wertvoll. Fühlt ein Klient sich nicht wirklich verstanden, so könnte er denken: „Der Therapeut ist zwar sehr freundlich zu mir, aber das liegt nur daran, daß er mich nicht richtig kennt. Würde er verstehen, wie ich wirklich bin, dann würde er mich ablehnen."

2. Mehr Selbstachtung

Die meisten seelischen Beeinträchtigungen gehen mit einer verminderten Selbstachtung einher: Wir lehnen

---

* Aus einem Brief, den eine Frau nach Teilnahme an einer Gruppentherapie an Carl Rogers schrieb. Entnommen dem Buch „Der neue Mensch" von C. Rogers.

uns selbst ab, haben vieles an uns auszusetzen, finden uns zu schwach, zu schlecht, zu dumm, zu häßlich oder zu feige. Dies liegt entweder daran, daß wir es von wichtigen Mitmenschen so oft gehört hatten, bis wir es selbst glaubten, oder daß wir unseren eigenen Ansprüchen nicht genügen. Geringe Selbstachtung steht der seelischen Gesundung sehr im Wege: Sie ist mit belastenden Minderwertigkeitsgefühlen verbunden und lähmt. Menschen trauen sich nichts zu, nehmen ihre Schwierigkeiten nicht in Angriff.

So, wie wir durch die schlechte Behandlung anderer Menschen unsere Selbstachtung verlieren können, so ist es umgekehrt auch möglich, daß liebevolle Anteilnahme und Wertschätzung unsere Selbstachtung wieder aufbauen. Wenn ein Klient erfährt: Der Therapeut findet mich wertvoll genug, daß er sich so stark um mich bemüht; er kennt mich genau mit allen meinen Fehlern und Problemen, und trotzdem steht er zu mir, ist gern mit mir zusammen — dann überträgt sich die Haltung des Therapeuten allmählich auf ihn selbst: Warum soll ich so streng mit mir sein, er ist es ja auch nicht. Damit ist eine große Erleichterung und Entspannung verbunden. Energien werden frei für sinnvolle Tätigkeiten.

Selbstachtung heißt nicht, daß wir alles an uns ganz toll finden. Es ist keine Selbstverliebtheit. Wir sehen weiterhin, vielleicht sogar deutlicher, unsere Schwächen, und wir arbeiten weiter daran — aber wir verurteilen uns nicht mehr deswegen.

3. Abbau von Fassaden

Wenn wir nicht „Ja" zu uns sagen können, viele schlimme Fehler und Schwächen an uns sehen, dann wollen wir dies meistens vor anderen Menschen verbergen. Wir errichten sozusagen eine schöne, heile Fassade vor unserem eigentlichen Wesen.

Sie können sich wahrscheinlich vorstellen, daß das Leben hinter einer Fassade mit vielen Schwierigkeiten verbunden ist: Immer müssen wir auf der Hut sein, daß andere uns nicht durchschauen. Wir müssen andere auf Distanz halten, können sie nicht nah an uns herankommen lassen. Selbst wenn jemand uns sagt, daß er uns schätzt oder liebt, denken wir vielleicht: „Ja, wenn du wüßtest, wie ich wirklich bin, dann würdest du mich ablehnen." So besteht die Gefahr der Vereinsamung.

Wenn wir uns dagegen selbst achten, fällt es uns viel leichter, auch nach außen hin zu dem zu stehen, was wir sind. Wir brauchen keine Energien mehr dafür zu verschwenden, uns zu verbergen, vor anderen unsere positiven Seiten herauszustreichen oder uns zu verteidigen. Wir unternehmen keine übermäßigen Anstrengungen mehr, um von anderen beachtet oder gelobt zu werden, sondern richten uns mehr nach den eigenen Maßstäben. Wir werden von anderen psychisch weniger abhängig und leben mehr unser Leben.

6

Echtsein

Was ist Echtsein?

Nach einfühlendem Verstehen und Achten, Wärme, Sorgen kommen wir nun zu der dritten Eigenschaft klientenzentrierter Therapeuten: Echtsein. Was ist darunter zu verstehen?

Sie sind wahrscheinlich schon Menschen begegnet, die irgendwie undurchschaubar wirken. Auch wenn man längere Zeit mit ihnen zusammen ist — man weiß nie, was sie wirklich denken. Man spürt nichts Persönliches. Sie zeigen keine spontanen Gefühle. Sie machen ein Pokerface. Und wenn sie lächeln, weiß man nicht, ob sie wirklich freundlich sind oder nur etwas erreichen wollen.

Das Gegenteil davon ist Echtsein. In der Therapie spürt ein Klient: Der Therapeut gibt sich nach außen hin so, wie er wirklich ist. Was er über sich selbst sagt oder durch sein Verhalten ausdrückt, das stimmt auch. Er ist ehrlich und aufrichtig. Er hat den Wunsch, für seinen Klienten durchschaubar zu sein. Er fühlt, denkt und handelt in erster Linie als Mensch und nicht als Psychotherapeut. Er gibt sich ganz natürlich, man kann mit ihm reden wie mit einem ganz normalen Menschen. Es fällt ihm leicht, einen Fehler zuzugeben und offen über eigene Schwächen zu sprechen. Er sitzt nicht hinter einem großen Schreibtisch, trägt keinen

weißen Kittel, redet nicht in Fremdwörtern und unter-
läßt alles, was eine künstliche Distanz aufbauen würde, so daß es leichtfällt, ihm persönlich nahezukom-
men. Er sucht eine Begegnung von Mensch zu Mensch.

Es gibt noch einen zweiten Aspekt von Echtsein. Er
ist für einen Klienten nicht so offensichtlich zu erfahren. Man könnte ihn „Echtsein nach innen" nennen.
Das bedeutet: Der Therapeut macht sich selbst nichts
vor. Er ist vertraut mit seinen inneren Vorgängen. Er
wehrt Wünsche, Gefühle und Gedanken nicht ab.

Echtsein bedeutet nicht, daß er *alles* ausdrückt, was
er denkt oder fühlt. Dies wäre sogar sehr störend für
den Klienten, der sich ja mit *seinem* inneren Geschehen auseinandersetzen will. Der Therapeut öffnet sich
nur, wenn es für den Klienten wirklich hilfreich ist.
Einige Beispiele:

- Er äußert gelegentlich, etwa am Ende der Stunde,
  ermutigende Gedanken und Gefühle: „Wie Sie mit
  Ihrer Krankheit fertig werden, das beeindruckt
  mich sehr." — „Ich glaube, ich habe heute etwas
  von Ihnen gelernt." — „Ich habe gern mit Ihnen
  gesprochen."

- Er berichtet von sich, wenn der Klient ausdrücklich
  danach fragt, etwa wie er mit bestimmten Problemen umgeht, wie er in bestimmten Situationen
  empfindet, was er über ein Thema denkt usw.

- Nimmt der Therapeut bei sich anhaltende Gedanken oder Gefühle wahr, die ihn daran hindern, sich
  weiterhin ganz auf den Klienten zu konzentrieren,

so spricht er sie aus: „Ich möchte Ihnen sagen, ich habe heute morgen eine schlechte Nachricht bekommen. Ich muß immer wieder daran denken und kann mich leider nicht so gut auf Sie konzentrieren." Der Klient weiß dann, daß es nicht an ihm liegt, wenn die Stunde anders als gewöhnlich verläuft.

• Wenn die Gefühle des Therapeuten unmittelbar mit dem Verhalten des Klienten zusammenhängen und für den Therapeuten belastend sind, so kann er sie äußern, sofern er dabei vermeidet, den Klienten zu bewerten: „Ich weiß nicht genau, woran es liegt, aber irgendwie bekomme ich Angst vor Ihnen. Ich fühle mich bedroht." Der Therapeut sagt nicht: „Sie sind gefährlich." Das wäre eine Bewertung des Klienten. Er ist sich bewußt, daß die Angst *sein* Gefühl ist — ein anderer Therapeut würde in derselben Situation vielleicht keine Angst haben und ganz anders fühlen. Er gibt dem Klienten nicht die Schuld an seinen Gefühlen. — Wenn das Verhältnis zwischen Klient und Therapeut ansonsten gut ist, können solche Äußerungen die Therapie voranbringen. Vielleicht sagt der Klient: „Oh verdammt, das kriege ich immer wieder zu hören, daß ich die Leute ängstige. Ich will das gar nicht. Wie kommt denn das bloß?" So beginnt der Klient, sich mit einem wichtigen Punkt auseinanderzusetzen.

• Bei mehrtägigen intensiven Gruppentherapien verbringt der Therapeut einen Teil seiner freien Zeit mit den Klienten. Er ißt, spielt, tanzt oder wandert mit ihnen oder albert mit ihnen herum.

Werden Therapeuten nie auf ihre Klienten ärgerlich? Vielleicht fragen Sie sich das an dieser Stelle. In der Tat: Manche Klienten stellen die Geduld ihrer Therapeuten auf eine harte Probe. Sie versinken in Selbstmitleid, klagen andere an, ohne das eigene Verhalten zu überdenken, sind dem Therapeuten gegenüber feindselig oder anspruchsvoll, halten sich nicht an Abmachungen und Termine, gehen auf keine Angebote ein usw. Ist es da nicht verständlich und richtig, wenn der Therapeut ärgerlich oder wütend wird und dies die Klienten auch spüren läßt?

Ich möchte zunächst unterscheiden zwischen aggressiven Gefühlen und aggressiven Handlungen. Aggressive Gefühle wären etwa Ärger, Wut, Feindseligkeit, Empörung. Aggressive Handlungen wären etwa Drohen, Beschimpfen, zynische oder ironische Bemerkungen machen, den anderen abwerten, verurteilen, unnötig warten lassen, ignorieren, abweisen.

Aggressives Handeln ist mit Achten, Wärme, Sorgen und einfühlendem Verstehen unvereinbar und hat daher keinen Platz in klientenzentrierter Psychotherapie. Sicher könnte aggressives Handeln auch gelegentlich positive Auswirkungen haben, zum Beispiel in der Form eines „reinigenden Gewitters". Doch dürfte bei den meisten Klienten, die sich ja in einem Zustand der erhöhten Verletzlichkeit befinden, die Gefahr von Schädigungen zu groß sein. Ferner müssen Therapeuten ein gewisses Maß an Selbstbeschränkung ertragen können. Dies ist in anderen Berufen nicht anders. Stellen Sie sich vor, Ihr Zahnarzt würde sich das Recht herausnehmen, gegen manche Patienten auch mal seine Aggressionen auszuleben!

Und wie steht es mit aggressiven Gefühlen? Die Antwort wird Sie vielleicht überraschen: Gerade wenn wir sehr echt sind, können wir aggressive Gefühle weitgehend vermeiden, wenn wir dies wünschen. Aggressive Gefühle sind nämlich in der Regel Reaktionen auf vorangegangene andere Gefühle: Bevor wir wütend werden, sind wir zunächst enttäuscht, traurig, ängstlich, hilflos, fühlen uns ungerecht behandelt usw. Aber wenn wir nicht sehr bewußt sind, merken wir dies kaum und haben den Eindruck, wir würden unmittelbar mit Wut reagieren. Starke Bewußtheit oder Echtheit nach innen ermöglicht es uns dagegen, bei den wirklich zuerst aufgetretenen Gefühlen zu bleiben und — sofern sie anhalten — sie ohne Aggression zu äußern.

Statt „Ich bin ganz schön ärgerlich auf Sie, daß Sie mich letzte Woche so einfach versetzt haben!" könnte der Therapeut also etwa sagen: „Ich war ziemlich enttäuscht letzte Woche. Ich hatte mich auf das Gespräch mit Ihnen gefreut, aber Sie sind nicht gekommen." Der Klient wird auf diese Weise mit den Folgen seines Handelns konfrontiert, ohne daß er sich Aggressionen ausgesetzt sieht.

Was bewirkt Echtsein?

Was wird durch Echtsein ausgelöst? Auf welche Weise hilft der Therapeut mit Echtsein dem Klienten? Hier die wichtigsten Punkte:

Echtsein ist die Grundlage der Beziehung:
Carl Rogers hat Echtsein oft als die wichtigste der drei klientenzentrierten Einstellungen bezeichnet. Das ist einleuchtend, da einfühlendes Verstehen und Achten, Wärme, Sorgen nur richtig wirken können, wenn sie von Herzen kommen. Wird einfühlendes Verstehen nur als Gesprächstechnik angewandt, ohne daß der Therapeut dabei tatsächlich den dringenden Wunsch verspürt, seinen Klienten zu verstehen, so kann ein Klient sich leicht verunsichert, manipuliert oder bedroht fühlen.

Keine zusätzliche Belastung durch Ungewißheit:
Wäre der Therapeut maskenhaft und undurchschaubar, so stellt dies eine zusätzliche Belastung für Klienten dar. Da sie sich seelisch beeinträchtigt fühlen, daher leichter verletzbar sind und obendrein häufig zum Grübeln neigen, würden sie viel Zeit damit verbringen, über den Therapeuten nachzudenken, seine Worte anzuzweifeln, sich zu fragen, wie der Therapeut wirklich zu ihnen steht. Sie würden sich im Zusammensein mit dem Therapeut nicht frei fühlen.

Mehr Vertrauen:
Zu unechten Personen würden wir kein Vertrauen fassen und uns kaum öffnen. Die wirklich wichtigen per-

sönlichen Dinge würden wir verschweigen. Damit entfiele eine Voraussetzung für wirksame Therapie.

Echtsein des Therapeuten fördert Echtsein des Klienten:
Wenn wir längere Zeit mit Menschen zusammen sind, die wir schätzen, dann verändern wir allmählich manche unserer Einstellungen und Verhaltensweisen so, daß wir dem anderen ähnlicher werden. Wenn er uns mit Achtung begegnet, beginnen wir, uns selbst auch mehr Achtung entgegenzubringen. Wenn er sich bemüht, uns zu verstehen, so nimmt auch unser Bemühen zu, uns selbst zu verstehen. Und wenn er echt und offen ist, so werden auch wir echter und offener. Wir werden uns mehr unserer bisher nicht beachteten oder vermiedenen Wünsche, Gefühle oder Lebenskonzepte bewußt und bauen Fassaden ab.

Echtsein des Therapeuten fördert die Selbstklärung des Klienten:
Wenn der Therapeut sich gelegentlich öffnet und kurz darüber spricht, wie er persönlich bestimmte Dinge erlebt, was er selbst tut, um psychisch gesund zu bleiben, welche Gedanken und Einstellungen er hat — dann kann der Klient sich davon anregen lassen. Er kann überlegen, ob er etwas davon übernehmen will. Wenn der Therapeut gelegentlich Gefühle und Gedanken äußert, die sich auf den Klienten beziehen, so läßt dies die Beziehung tiefer werden und ist häufig ein starker Anreiz für den Klienten, sich damit auseinanderzusetzen. Zum Beispiel: „Es hat mich irritiert, daß

Sie meinen Worten ein so großes Gewicht gegeben haben." „Manchmal hab' ich den Eindruck, daß Sie das, was ich sage, gar nicht richtig zur Kenntnis nehmen, daß Sie es gar nicht aufnehmen!?" „Oh, ich fürchte, ich kann Ihnen jetzt nicht folgen. Es ist so verwirrend für mich, wenn Sie die Themen so schnell wechseln." „Ich verstehe, daß Sie noch öfter mit mir reden möchten, aber ich fühle mich dann bedrängt und überfordert."

7

Die drei Eigenschaften zusammen

Sie haben nun die drei wichtigsten Eigenschaften eines klientenzentrierten Gesprächspsychotherapeuten kennengelernt:

- den Wunsch und das Bemühen, die innere Welt des Klienten mit ihm gemeinsam zu erforschen und zu verstehen, wie es ist, der Klient zu sein,

- die Achtung vor dem Klienten, das bedingungslose Annehmen, das Ausstrahlen herzlicher Wärme und Anteilnahme, das Bemühen, für das Wohlergehen des Klienten zu sorgen,

- hohe Bewußtheit der eigenen inneren Vorgänge sowie der Wunsch und das Bemühen, für den Klienten durchschaubar, berechenbar zu sein, eine gute, partnerschaftliche Beziehung auf einer Ebene von Mensch zu Mensch aufzubauen, mit persönlicher Nähe und Aufrichtigkeit.

Vielleicht fragen Sie sich: „Das soll alles sein? Nur diese drei Dinge? Ist das nicht ein bißchen wenig?" Bitte bedenken Sie: Diese drei *Eigenschaften* sind nicht zu verwechseln mit drei *Handlungsmöglichkeiten*. Je nach Situation und nach persönlichem Stil des Therapeuten ergibt sich eine Vielzahl unterschiedlicher konkreter Handlungen. Jede Handlung ist zwar von den drei Eigenschaften geprägt oder steht wenigstens nicht im Gegensatz zu ihnen, sie ist aber nicht stereotyp, schematisch oder unflexibel. Es ist so ähnlich wie in der Malerei: Auch der Maler hat nur die drei Grundfarben Blau, Gelb und Rot. Aber er malt damit die ganze Welt.

In diesem Kapitel möchte ich einige Fragen besprechen, die die drei Eigenschaften zusammen betreffen:

- die Notwendigkeit des gemeinsamen Auftretens der drei Eigenschaften
- das Nicht-Bewerten
- das Nicht-Lenken
- die nicht-lenkenden Aktivitäten
- sowie die Frage: Ist es überhaupt möglich, daß Therapeuten die drei Eigenschaften wirklich haben?

Gemeinsames Auftreten der drei Eigenschaften

Jede der drei Eigenschaften kann schädliche Auswirkungen haben, wenn sie ohne die beiden anderen auftritt. Einige Beispiele: Echtsein allein könnte dazu führen, Klienten aggressiv zu begegnen; oder der Therapeut könnte dem Klienten etwas von sich erzählen, ohne zu spüren, daß ihm das unangenehm ist. Therapeuten müssen erspüren, inwieweit Klienten ihre persönliche Nähe und herzliche Wärme wirklich schätzen. Sie können sonst aufdringlich wirken. Einfühlendes Verstehen begleitet von Distanziertheit und Kälte wirkt bedrohlich.

Deshalb ist wichtig: Alle drei Eigenschaften müssen gleichzeitig vorhanden sein. Nur eine oder zwei sind nicht hilfreich.

Nicht-Bewerten

Im Alltag werden wir häufig bewertet: als Kinder von unseren Eltern und Lehrern, als Erwachsene von unseren Vorgesetzten. Auch unsere Freunde, Verwandten und Partner geben oft Urteile über uns ab. Das kann hilfreich sein, wenn das Urteil sachlich ist und es nur unser Verhalten betrifft und nicht unsere Person. Zum Beispiel sagt ein Lehrer einem Schüler: „Diese Aufgabe hast du noch nicht richtig gerechnet." Er sagt nicht: „Das war wieder mal falsch. Du bist eben zu dumm."

Es ist klar, daß solche Urteile über unsere Person, gleich ob sie von Lehrern oder Therapeuten ausgesprochen werden, uns verletzen können. Jedenfalls geben sie uns nicht das Gefühl, angenommen, akzeptiert und geschätzt zu sein. Deshalb werden Sie negative Urteile über Ihre Person von einem Gesprächspsychotherapeuten nicht zu hören bekommen.

Wie ist es mit *positiven* Bewertungen? Viele Klienten wären sicherlich erfreut darüber. Gerade wenn wir seelisch am Boden liegen, saugen wir dankbar jedes Lob auf, so wie ein trockener Schwamm das Wasser. Die Gefahren sind hier andere: Manche Klienten versuchen dann herauszufinden, was der Therapeut gut findet, und bemühen sich, sich entsprechend zu verhalten, um weiteres Lob zu bekommen. Sie verlieren dabei sich selbst aus den Augen. Die zweite Gefahr: Wenn der Therapeut ehrlich und bescheiden genug ist, ist ihm klar, daß er gar nicht wissen kann, was richtig oder falsch ist. Seelische Schwierigkeiten sind keine Mathematikaufgaben. Es gibt immer mehrere Lösungen, und welche die beste ist, muß jeder Klient selbst überprüfen.

Abgesehen von einer grundsätzlichen positiven Bewertung Ihrer Person wird der Therapeut sich also mit Bewertungen einzelner Verhaltensweisen, Gedanken oder Gefühle sehr zurückhalten: Er lobt nicht und er tadelt nicht.

Dagegen fördert er die hilfreiche sachliche Bewertung des Verhaltens. Was ist darunter zu verstehen? Nehmen wir an, Sie haben in einem Wutanfall Ihr Kind geschlagen, obwohl Sie eigentlich finden, daß Eltern das nicht tun sollten. Eine ungünstige Art der Selbstbewertung wäre die persönliche Verurteilung: „Ich habe mein Kind geschlagen. Ich verachte mich deswegen. Ich habe als Vater versagt." Wahrscheinlich können Sie Ihren persönlichen Wertvorstellungen schneller nahekommen, wenn Sie so denken: „Ich habe einen Fehler gemacht, aber das ändert nichts am Wert meiner Person. Ich darf Fehler machen, sofern ich mich bemühe, daraus zu lernen. Ich werde darüber nachdenken, wie ich es schaffen kann, mich künftig anders zu verhalten."

Nicht-Lenken

Es ist leicht zu verstehen, daß die drei Eigenschaften des klientenzentrierten Therapeuten unvereinbar sind mit dem Streben, über andere offen oder versteckt Macht auszuüben oder sie zu manipulieren. Im Gegenteil: Der Therapeut möchte, daß jeder Klient seinen eigenen Weg finden und gehen möge. Er fühlt sich nicht dadurch verunsichert oder gar angegriffen, wenn ein Klient zu ganz anderen Entscheidungen kommt, als er selbst sie getroffen hätte. Er drängt dem Klienten nicht bestimmte Sichtweisen auf.

Das bedeutet natürlich nicht, daß der Therapeut den Verlauf des Gespräches und wichtige psychische Vorgänge im Klienten nicht beeinflußt. Warum sollte ein Klient auch sonst in die Therapie kommen, wenn es keinen Einfluß hätte, was der Therapeut tut? Lenken und beeinflussen sind zweierlei. Entscheidend ist: Klientenzentrierte Therapeuten versuchen nicht zu erreichen, daß Klienten *etwas Bestimmtes* denken, fühlen oder tun sollten.

Welchen Einfluß nimmt ein Therapeut? Einige Beispiele:

- Er veranlaßt den Klienten, über etwas zu sprechen, das ihm persönlich wichtig ist. Der Klient ist aber völlig frei darin, aus den persönlich wichtigen Themen auszuwählen, was er will.

- Er bringt den Klienten dazu, sich mit wichtigen Gefühlen, Erlebnissen, Bewertungen usw. auseinanderzusetzen, zu klären, welche Bedeutung sie für ihn haben. Er akzeptiert dabei aber jedes Ergebnis, zu dem der Klient kommt.

● Er lenkt den Klienten dahin, daß er sich mit Möglichkeiten auseinandersetzt, wie er seine Probleme lösen oder seine Schwierigkeiten mindern könnte. Aber er schreibt ihm nicht vor, was er tun soll.

● Er gibt gelegentlich hilfreiche Informationen oder Anregungen. Aber der Klient ist völlig frei, welchen Gebrauch er davon macht.

Warum ist es günstig, wenn der Therapeut dem Klienten diese Freiheit läßt? Seelische Beeinträchtigungen gehen oft einher mit dem Gefühl, irgendwelchen Zwängen hilflos ausgeliefert zu sein, über die Ereignisse oder sich selbst wenig Kontrolle zu haben, wenig über das eigene Leben bestimmen zu können.

In der Therapiestunde machen Klienten nun die gegenteilige Erfahrung: „Alles dreht sich um mich. Ich bestimme, was geschieht. Ich treffe die Entscheidungen." Sie fühlen sich frei. Dies hebt zum einen die Stimmung mit all den bereits aufgeführten günstigen Folgen. Zum anderen verändert es allmählich die Resignation oder Hilflosigkeit auch außerhalb der Therapie. Klienten beginnen, an ihre Selbstwirksamkeit zu glauben, an ihre Fähigkeit, die Dinge in ihrem Sinne beeinflussen zu können — eine wesentliche Voraussetzung für seelische Gesundheit.

Können Klienten mit dieser Freiheit aber nicht auch überfordert sein? Brauchen sie, wenn sie verzweifelt oder verängstigt sind, nicht jemanden, der ihnen eine Orientierung gibt? Ich glaube, bei sehr starken Beeinträchtigungen, bei denen Realitätsverlust oder Verwirrtheit auftreten, kann dies zeitweise nötig sein. Aber die allermeisten Klienten brauchen diese Art der Unterstützung nicht.

Nicht-lenkend hilfreich aktiv sein

Vielleicht haben Sie beim Lesen des vorigen Abschnittes den Eindruck gewonnen, daß ein Gesprächspsychotherapeut wenig tut. Das wäre ein Mißverständnis. Im Gegenteil: erfolgreiche Therapeuten zeigen ein hohes Ausmaß an aktivem Bemühen, ihren Klienten zu helfen, aber ohne zu lenken.

Empathisches Verstehen ist an sich schon ein sehr aktiver Prozeß. Es ist ja nicht einfach ein Zuhören, sondern ein fortlaufendes Suchen nach dem Wesentlichen in den Äußerungen und ein fortlaufendes Mitteilen dessen, was der Therapeut verstanden hat. Äußerlich macht sich dies u. a. so bemerkbar, daß der Therapeut ca. ein Drittel der gesamten Redezeit für sich in Anspruch nimmt.

Der Therapeut scheut sich auch nicht, Klienten immer wieder in ihrem Redefluß zu unterbrechen — nicht um sich selbst in den Vordergrund zu spielen, sondern um sich immer wieder zu vergewissern, ob er den Klienten genau verstanden hat, und um ihn immer wieder zu verstärkter Selbstklärung zu bewegen.

Und im gegenteiligen Fall, wenn ein Klient nur wenig spricht oder oft und lange schweigt? Auch dann muß der Therapeut nicht passiv danebensitzen und warten, bis der Klient mal wieder etwas sagt — es sei denn, er spürt, daß der Klient das Schweigen wünscht, es ihm nicht unangenehm ist oder er es benutzt, um seine Gedanken zu ordnen. Andernfalls könnte er etwa sagen: „Es würde mich sehr interessieren, was Ihnen jetzt durch den Kopf geht. Möchten Sie mir davon etwas erzählen?"

Darüber hinaus hat der Therapeut eine Vielzahl von Möglichkeiten, auf nicht-dirigierende Art hilfreich aktiv zu sein. Entscheidend ist: Diese Aktivitäten sind Folgen seines echten, einfühlenden Verstehens, seiner Achtung und Wertschätzung des Klienten oder sie sind mit diesen klientenzentrierten Haltungen vereinbar. Hierzu gehören vor allem folgende Aktivitäten: informieren, konkrete Unterstützung geben, andersartige zusätzliche Therapien anbieten.

Einige Beispiele für hilfreiche Informationen:

● Vor Therapiebeginn Informationen über die wesentlichen Eigenheiten der Therapie, auch über ganz praktische Dinge wie Dauer, Kosten usw.

● Psychologisch wissenschaftliche Informationen, natürlich leichtverständlich aufbereitet, zum Beispiel, wenn Klienten deutlich unrealistische und ungünstig wirkende Vorstellungen haben. Etwa: „Ich habe den Eindruck, Sie vermuten, daß Ihre Rheuma-Erkrankung auf einer Persönlichkeitsstörung beruht. Vielleicht interessiert es Sie, was die Wissenschaftler darüber herausgefunden haben?"

● Informationen über hilfreiche Möglichkeiten, etwa Adressen fähiger Neurologen/Psychiater, Selbsthilfegruppen, Sportvereine, Sozialberatung usw.

Beispiele für konkrete Unterstützung: „Ich sehe, daß es Ihnen schwerfällt, diesen Brief an die Behörde zu schreiben. Wenn Sie wollen, bin ich Ihnen bei der Formulierung gerne behilflich." — „Wenn es Ihnen am Wochenende schlechtgehen sollte, bitte rufen Sie mich gerne an."

Beispiele für Angebote andersartiger Therapie: Sehr wichtig vor allem das Entspannungstraining oder bestimmte verhaltenstherapeutische Verfahren zur Streßverminderung.

Wenn Sie sich in Gesprächspsychotherapie befinden und das Gefühl haben, Ihr Therapeut bemühe sich nicht ausreichend, und es ändert sich auch nicht, nachdem Sie es ihm gesagt haben, so möchte ich Ihnen empfehlen, die Therapie bei einem anderen Therapeuten fortzusetzen.

Können Therapeuten wirklich so sein?

Möglicherweise haben Sie bei der Lektüre häufiger gedacht: „Klingt gut — aber können Therapeuten wirklich so sein? Wie kann ein Mensch Tag für Tag wirkliches, tief empfundenes Interesse für die Sorgen anderer aufbringen? Wie kann er es schaffen, sich in jeden einzufühlen, und sei er noch so seltsam? Wie ist es möglich, jeden ehrlich zu achten und sogar gern zu haben?"

Sie haben recht. Bitte betrachten Sie die Beschreibung der therapeutischen Eigenschaften als Idealvorstellungen, denen wohl kein Therapeut immer und bei allen Klienten gerecht werden kann. Die meisten Therapeuten können die drei Eigenschaften über längere Zeit nur bei einem Teil ihrer Klienten aufrechterhalten. Dies ist vielleicht der gewichtigste Einwand gegen die Gesprächspsychotherapie: Sie ist für viele Psychologen zu schwierig. Es gibt vermutlich, wie Carl Rogers selbst gegen Ende seines Lebens feststellte, nur wenige wirklich hochqualifizierte Gesprächspsychotherapeuten.

Für die Praxis bedeutet das: Wenn Sie sich von Ihrem Therapeuten oder Ihrer Therapeutin über mehrere Sitzungen hinweg nicht in tiefer Weise verstanden, akzeptiert und gemocht fühlen — dann glauben Sie bitte nicht, daß das Ihre Schuld wäre, daß Sie ein besonders schwieriger oder unakzeptabler Mensch sind. Vielleicht haben Sie nur den falschen Therapeuten. Bevorzugen Sie deswegen Einrichtungen oder Praxen, in denen Sie unter mehreren Therapeuten auswählen können — damit steigt die Wahrscheinlichkeit, daß Sie jemanden finden, der zu Ihnen paßt.

Was Sie vielleicht in der Therapie vermissen

Ratschläge:
Vielleicht erwarten auch Sie, wie viele Klienten, daß der Therapeut Ihnen gezielte Ratschläge gibt, was Sie im einzelnen tun sollen. Dies kann der Therapeut jedoch in der Regel nicht mit seinem Wunsch vereinbaren, die Selbstbestimmung zu fördern. Außerdem, wenn er ehrlich Ihnen und sich selbst gegenüber ist, weiß er, daß kein Mensch mit Sicherheit sagen kann, was für einen anderen die richtige Entscheidung ist. „Sie sollten sich scheiden lassen." — „Diese Entscheidung müssen Sie so bald wie möglich treffen." — „Das beste wäre, Sie würden Ihrem Partner jetzt alles sagen." Diese oder ähnliche Sätze werden Sie von einem klientenzentrierten Therapeuten wohl kaum zu hören bekommen. Er hilft Ihnen, alle Möglichkeiten zu durchdenken, aber entscheiden müssen Sie sich selbst.

Das bedeutet nicht, daß der Therapeut Ihnen nicht Anregungen, hilfreiche Informationen oder Vorschläge anbietet. So gibt es allgemeingültige Ratschläge, die ganz unabhängig vom jeweiligen Problem fast immer richtig sind, zum Beispiel aktive Entspannungsübungen zu erlernen oder etwas Sportliches für die Fitneß zu tun. Der Therapeut würde nicht sagen: „In Ihrem Fall sind Entspannungsübungen angebracht", sondern: „Es gibt eine Möglichkeit, wie Sie seelisch stabiler werden können, es handelt sich um das Entspannungstraining. Haben Sie schon einmal davon gehört?

Ich könnte es Ihnen zeigen, und Sie könnten dann prüfen, ob es Ihnen hilft und ob Sie es lernen wollen!?"

Ein weiteres Beispiel für Anregungen und hilfreiche Informationen ohne Ratschläge: „Die Wissenschaftler haben herausgefunden, daß es nicht nur *eine* richtige Möglichkeit gibt, mit Ärger fertig zu werden, sondern viele Möglichkeiten. Wichtig ist, daß man Möglichkeiten findet, die zu einem passen. So hilft es einigen Menschen am besten, wenn sie sich bei Ärger ablenken, sportlich betätigen oder aktiv entspannen. Andere finden es besser, in Ruhe über den Vorfall nachzudenken, wie ist es gekommen, was kann ich das nächste Mal besser machen? Wieder andere suchen das Gespräch mit einem neutralen Dritten. Und einige machen gute Erfahrungen damit, den Ärger herauszulassen und ein reinigendes Gewitter auszulösen. Ich weiß nicht genau, was zu Ihnen passen würde!?"

Traumdeutung:
Manche Klienten vermuten, Träume enthielten versteckte Hinweise auf innere Konflikte oder seelische Fehlentwicklungen, und es könnte ihnen helfen, wenn sie imstande wären, ihre Träume zu verstehen und zu deuten. Leider haben die modernen Schlaf- und Traumforscher bisher keine eindeutigen Beweise für diese Vermutungen erbringen können. So wissen wir bis heute nicht genau, welchen Sinn es eigentlich hat, daß wir träumen. Manche von uns finden Träume interessant und bereichernd, und sie setzen sich gern mit

ihren Träumen auseinander. Aber es ist völlig unklar, ob es seelisch belasteten Menschen im allgemeinen hilft, wenn sie sich mit ihren Träumen beschäftigen.

Gesprächstherapeuten messen Träumen im allgemeinen keine *besondere* Bedeutung zu. Sie gehen darauf ein wie auf alle anderen Erlebnisse, Gefühle und Gedanken der Klienten: Sie deuten sie nicht, sondern sie suchen zu verstehen, welche Bedeutung ein Klient selbst in seinen Träumen sieht.

Zurückgehen in die frühe Kindheit:
Hier gilt ähnliches wie bei den Träumen. Die modernen Entwicklungspsychologen haben keine hinreichenden Beweise dafür gefunden, daß Erfahrungen der frühen Kindheit für die Probleme des Erwachsenen verantwortlich sind, jedenfalls nicht in der Regel. Es scheint lohnender zu sein, sich mit der Gegenwart und der näheren Zukunft zu befassen. Das bedeutet nicht, daß in der Gesprächspsychotherapie vergangene Ereignisse keine Rolle spielen — jedoch meistens unter der Fragestellung, was sie *heute* für den Klienten bedeuten, wie er *heute* darüber denkt, und welche Gefühle *heute* bei ihm dadurch hervorgerufen werden.

Ein Gesprächsausschnitt

Zur Veranschaulichung der drei Haltungen folgt jetzt ein Ausschnitt aus einem Gespräch, das die Therapeutin Anne-Marie (A) mit Heinrich (H) am Telefon führte. Heinrich ist 92 Jahre alt und lebt nach dem plötzlichen Tod seiner Partnerin seit einem halben Jahr in einem Altersheim. Das Gespräch ist dem Buch „Wege zu uns und anderen" von R. und A.-M. Tausch entnommen (siehe Anhang).

A: Wie geht es dir denn?

H: Man wird älter. Das ist das einzige, was ich dir sagen kann.

A: Es geht dir nicht gut, nicht wahr?

H: Nein. Ich bin kaputt, ich bin absolut kaputt. Ich bin fertig. Ich habe keine Energie mehr, und es ist alles in mir weg. Ich raff' mich auf, brech' aber immer wieder zusammen.

A: Du schaffst es nicht aus dir heraus!?

H: Ich kann nicht, kann nicht. Es fällt mir zu schwer.

A: Hast du keine Kraft mehr?

H: Nein. Bis jetzt habe ich immer gekämpft, aber jetzt . . . Ich kann nicht mehr. Jetzt ist es aus. Jetzt dös' ich vor mich hin.

A: Hast du dich selber aufgegeben?

H: Das nicht. Ich werde mich nicht aufgeben. Aber ich will auch nicht vorwärts. Ich kann nicht mehr weiter.

A: Du willst dein Leben nicht mehr verlängern!?

H: Ich will stehenbleiben. Ich bin froh, wenn ich stehenbleibe und nicht ganz in diesen Wahnsinn hier verfalle.

A: Das kostet dich schon Kraft genug.

H: O ja, genug. Sehr viel.

A: Es kostet dich viel Kraft, du selbst zu sein und dich nicht aufzugeben, dich nicht diesem Wahnsinn, wie du es nennst, dort in dem Heim anzuschließen!?

H: Es ist ein einziges Verrückten-Heim. Es ist kein Altersheim, es ist ein Siechenheim. Und die nicht siech sind, die haben alle einen kleinen Koller. Manche sind ein ganz großes Stück verrückt.

A: Und du sagst für dich: Ich will noch nicht verrückt werden. Darin investiere ich meine ganze Kraft!?

H: Ja, eben. Es ist furchtbar — alles sehr nette Pflegerinnen und auch die Leitung, alle sind sehr nett. Aber der eine Mensch, der ist nicht da.

A: Du meinst Else?

H: Hunderte können den einen Menschen nicht ersetzen.

A: Du vermißt sie so sehr!?

H: Furchtbar. Sie war doch mein ganzes Leben. Und ich habe keinen Menschen so geliebt wie sie. Es ist alles so anders.

A: Du hast dir dein Lebensende anders vorgestellt!?

H: Ja, es ist wahnsinnig schwer. Es geht mir nicht gut, weil ich zu alt bin, weil ich fast blind bin, weil ich allein bin. Sie sind alle furchtbar nett. Aber ich will nicht mehr. Ich hab' nur einen Wunsch: Schluß! Einmal wird es sicher sein, aber hoffentlich dauert es nicht zu lange. Ich werde so gepflegt und gehegt. Das verzögert alles.

A: Du hast das Gefühl: Wenn du nicht so gut versorgt werden würdest . . .

H: Ja, dann würd' es schneller gehen. Ich weiß nicht — ich werde hier gepäppelt und gemästet.

A: Du hast nur noch einen Wunsch: zu sterben.

H: Ja.

A: Darüber kannst du gar nicht sprechen wahrscheinlich.

H: Nein.

A: Aber ich bin froh, daß du es mir sagst. Ich kann es sehr, sehr gut für dich verstehen.

H: Kannst du es?

A: Ja, das kann ich sehr gut verstehen. Du bist ja sehr einsam.

Heinrich spricht weiter über seine Einsamkeit und sein Gefühl, den Helfern gegenüber undankbar zu sein. Und so endet das Gespräch:

H: Ich dank' dir für deinen Anruf, es war sehr schön, dich zu hören.

A: Es hat mich auch sehr gefreut, dich zu hören — und ich hab' dich lieb.

H: Ach danke. Das ist ein sehr liebes Wort. Das hört man nicht oft, das kommt aus der Seele.

A: Das kommt aus meiner Seele, und es geht zu deiner Seele, zu deinem Herzen.

H: Dafür bin ich dir sehr, sehr dankbar, ich hab dich immer sehr gern gehabt. Also noch alles Liebe und Gute.

A: Danke — gute Nacht.

H: Gute Nacht.

8

Gruppentherapie

Die klientenzentrierte Gesprächspsychotherapie wird überwiegend als Einzeltherapie durchgeführt. Sie läßt sich jedoch auch in Gruppen verwirklichen. Dies scheint sogar eine ganze Reihe von Vorzügen mit sich zu bringen. Wie unterscheidet sich die Gruppen- von der Einzeltherapie?

Der Therapeut in der Gruppe:
Entscheidend für den Therapieverlauf sind auch in der Gruppe die menschlichen Qualitäten des Therapeuten, insbesondere sein starker, aufrichtiger Wunsch, die Teilnehmer in ihrer inneren Welt zu verstehen, seine nicht wertende Respektierung und Zuneigung für die Teilnehmer, sein Bedürfnis nach einer Begegnung von Mensch zu Mensch ohne Profi-Gehabe. Diese Haltung äußert sich in der Gruppe weitgehend ähnlich wie im Einzelgespräch. Der Therapeut bemüht sich, ein psychologisch sicheres Klima herzustellen, in dem es den Gruppenmitgliedern leichtfällt, persönlich wichtige Gefühle und Gedanken auszudrücken und sich darin zu klären.

Anders als im Einzelgespräch muß der Therapeut in der Gruppe die Beziehungen der Teilnehmer untereinander fördern. Er klärt Mißverständnisse, stellt Unterschiede und Gemeinsamkeiten heraus, unterstützt das gegenseitige Verstehen und Akzeptieren. Manchmal ist es auch nötig, ängstlichere oder hilflosere Teilnehmer vor dominanteren oder aggressiven Mitgliedern zu schützen.

Ein weiterer Unterschied: In der Gruppe hat der Therapeut mehr die Möglichkeit, sich selbst zu öffnen. Er kann mehr über eigene Gefühle und Gedanken, eigene Schwierigkeiten oder Überwindung eigener Schwierigkeiten sprechen, ferner über seine Wertvorstellungen, Lebensphilosophie oder Religion. Die Klienten können sich davon anregen lassen. Die Gefahr, daß sie Verhaltensweisen und Einstellungen des Therapeuten ungeprüft übernehmen, ist viel geringer als im Einzelgespräch, weil sie gleichzeitig mit einer Vielzahl unterschiedlicher Äußerungen der anderen Teilnehmer konfrontiert werden.

Die äußeren Umstände:
Klientenzentrierte Gesprächsgruppen werden in den unterschiedlichsten Zusammensetzungen durchgeführt. Die Teilnehmer können Personen sein, die alle unter ähnlichen Problemen leiden, wie etwa Einsamkeit, Depression oder schwere chronische körperliche Krankheit. Sie können sich ähnlich sein hinsichtlich des Alters, des Berufes, der sozialen Stellung. Die Zusammensetzung kann jedoch auch völlig heterogen sein. Große Heterogenität bietet die Chance für eine enorme Erweiterung des Blickfeldes. Die Teilnehmer sehen die Vielfalt der Probleme, mit denen andere Menschen fertig werden müssen. Dies kann zu einer Relativierung und Distanzierung gegenüber den eigenen Problemen führen.

Teilnehmer können auch Personen sein, die nicht unter seelischen Beeinträchtigungen leiden, sondern die den Wunsch haben, sich persönlich weiterzuentwickeln oder sich hinsichtlich wesentlicher Lebensfragen zu klären. Solche Gruppen tragen meist die Bezeichnung „Encountergruppe" (encounter = Begegnung).

Auch was die Gruppengröße angeht, gibt es erhebliche Unterschiede: in wöchentlich tagenden Gruppen in der Regel 4—8, in Wochenend-Intensivgruppen ca. 8—14 Teilnehmer.

Die meisten Psychologen bieten Gruppen an, die im wöchentlichen Turnus zusammenkommen, über einen ähnlich langen Zeitraum wie Einzeltherapie. Vermutlich wirksamer sind jedoch zeitlich massierte Gruppen. Sie treffen sich an einem Wochenende für zweieinhalb Tage. Hierdurch entfällt die bei wöchentlichen Gruppen immer wieder nötige Anwärmphase, die psychologisch günstigen Prozesse verlaufen intensiver und schneller. Je nach Wunsch der Teilnehmer gibt es die Möglichkeit zu mehreren Nachtreffen, mit einem Psychologen oder als Selbsthilfegruppe.

Längere Intensivgruppen:
Eine besondere Form der klientenzentrierten Gruppentherapie verwirklicht Reinhard Tausch mit einer Gruppe von Mitarbeitern seit etwa zehn Jahren. Teilnehmer der ca. sechstägigen Veranstaltung sind etwa 80 bis 100 Personen aller Altersstufen, einige mit psychischen Beeinträchtigungen, andere um sich per-

sönlich zu entwickeln und wieder andere aus sozialen Berufen zur Fortbildung, ferner sieben bis zehn Psychologen und Psychologinnen als Gruppenhelfer. Das Kernstück bilden Gespräche in festen kleinen Gruppen mit etwa zwölf Mitgliedern, etwa sechs Stunden täglich. Darum herum gibt es eine Vielzahl weiterer hilfreicher Angebote: sanftes, langsames Laufen (Jogging), Entspannungsübungen, Hatha-Yoga, themenzentrierte Gruppen, Übungen zur Streßverminderung und zum Abbau von Ängsten vor Sterben und Tod, Übungen zum Erfahren körperlicher Kontakte, Informationen über Möglichkeiten zur Verringerung belastender Gefühle sowie persönliche Gespräche in der Großgruppe mit allen Teilnehmern. Es handelt sich um eine klientenzentrierte Kombinationstherapie (siehe auch Kapitel „Erweiterungen der Gesprächspsychotherapie").

Praktische Demonstrationen:
Das Buch „Gesprächspsychotherapie" (siehe Literaturempfehlungen am Ende dieses Buches) enthält im Anfang ausführliche Ausschnitte aus einer Wochenendgruppe. Videobänder mit gefilmten Ausschnitten können entliehen werden (Anschriften im Anhang).

Vorteile der Gruppentherapie

Gegenüber Einzelgesprächen bietet die Gruppe eine ganze Reihe von zusätzlichen hilfreichen Möglichkeiten:

- Die Teilnehmer erleben unmittelbar, daß auch andere Menschen erhebliche seelische Belastungen ertragen. Dies hilft ihnen, sich selbst weniger als versagend zu bewerten. Sie kommen zu einem günstigeren Selbstkonzept.

- Die Teilnehmer versuchen, sich untereinander zu helfen. Sie berichten zum Beispiel, wie sie mit bestimmten Schwierigkeiten umgegangen sind oder umgehen würden, sie senden Zeichen der Anteilnahme, des Verstehens und der Zuneigung aus, sie schildern ihre Eindrücke, wie ein anderer auf sie wirkt, sie geben Ratschläge oder äußern Kritik. Auf diese Weise hat jeder nicht nur einen Therapeuten, sondern vielleicht acht oder zehn.

- Mißtrauischen Klienten fällt es oft schwer, zu glauben, daß der Therapeut sie wirklich akzeptiert oder gar schätzt. Sie sind sich nicht sicher, ob der Therapeut dies nicht nur vorspielt, weil er dafür bezahlt wird. Anteilnahme und Wertschätzung durch andere Gruppenmitglieder sind diesbezüglich unverdächtiger, wirken echter und sind daher hilfreicher.

- Viele Teilnehmer erfahren, daß sie — trotz bedeutender eigener Schwierigkeiten — imstande sind, anderen zu helfen. Dies empfinden die meisten Teilnehmer als eine sehr befriedigende Tätigkeit, die ihr Selbstwertgefühl deutlich steigern kann.

- Eine Gruppe mindert Gefühle von Einsamkeit. Es kommt häufig zu Erlebnissen der persönlichen Nähe, die manche Teilnehmer niemals zuvor in ihrem Leben erfahren und kaum für möglich gehalten haben. Sie sind mit intensiven Glücksgefühlen verbunden.

● Nach Beendigung der Therapie besteht die Möglichkeit, daß eine Gruppe als Selbsthilfegruppe ohne Therapeut weiterläuft.

● Manche befürchten vielleicht, in der Gruppe wäre es schon aus Zeitgründen schwer möglich, auf die Schwierigkeiten jedes einzelnen ausführlich einzugehen. Das stimmt, besonders bei Wochenendgruppen. Aber dafür bietet die Gruppe anderes, was diesen vermeintlichen Nachteil mehr als ausgleicht: Das Geschehen in der Gruppe führt im allgemeinen bei den Teilnehmern zu einer sehr gehobenen, optimistischen und schwungvollen Stimmung, die es enorm erleichtert, schnell zu neuen Bewertungen und Lösungsmöglichkeiten zu kommen. Ein Teilnehmer muß ferner nicht selbst sprechen, um vom Geschehen in der Gruppe zu profitieren. Wer etwa beobachtet, daß andere Mitglieder über ihre Schwächen oder Fehler sprechen und dennoch von der Gruppe angenommen und geschätzt werden, dem fällt es leichter, auch seine eigenen Schwierigkeiten als normalen Teil des Lebens anzunehmen und sich selbst trotz dieser Schwierigkeiten nicht abzuwerten. Oder: Wer beobachtet, daß andere Mitglieder intensiv nach Möglichkeiten suchen, mit ihren belastenden Lebenssituationen und Gefühlen besser umzugehen, der lernt dadurch Lösungen kennen, die er ganz oder teilweise übernehmen könnte.

9

Wie Gesprächstherapeuten seelische Störungen erklären

Nachdem Sie nun einen Eindruck davon bekommen haben, was in einer Gesprächspsychotherapie geschieht, möchte ich mich der nächsten grundlegenden Frage zuwenden: Wo liegen die Ursachen seelischer Störungen?

Diese Frage beschäftigt viele Betroffene, und es belastet sie zusätzlich, wenn sie darauf keine einleuchtende Antwort finden. Die Störungen bekommen dadurch etwas Unheimliches. Man fühlt sich ihnen gegenüber hilfloser und mehr ausgeliefert.

Was sagen Gesprächspsychotherapeuten, wenn sie von Klienten nach den Ursachen gefragt werden? Ich fürchte, die Antworten werden von Therapeut zu Therapeut ziemlich unterschiedlich ausfallen, denn darüber herrscht keine große Einigkeit.

Natürlich hat Carl Rogers seine theoretischen Vorstellungen über die Entstehung seelischer Störungen zum Ausdruck gebracht. Aber sie wurden kaum wissenschaftlich überprüft und konnten, insbesondere in den letzten Jahren, längst nicht die Anerkennung in Fachkreisen finden wie seine therapeutische Arbeit. So teilt nur eine Gruppe von Gesprächspsychotherapeuten heute seine Auffassung. Andere machen Anleihen bei anderen Therapieformen — etwa bei der Psychoanalyse, der Gestalt- oder der Verhaltenstherapie — oder bedienen sich der Erkenntnisse aus den verschiedensten Forschungsbereichen, etwa Sozialpsychologie, Streßforschung, Entwicklungspsychologie und Psycho-Biologie. Eine allgemein anerkannte Theorie gibt es nicht.

Vielleicht fragen Sie sich: Kann es denn eine wirksame Psychotherapie geben, wenn ein Therapeut keine klaren oder sogar unzutreffende Vorstellungen über die Störungsursachen hat? Die Antwort ist eindeutig „ja". Wir können unser gegenwärtiges Erleben und Verhalten ändern, ohne zu wissen, wie es zustande gekommen ist. Es ist ähnlich wie in der Medizin: Abgesehen von den Infektionskrankheiten sind die Ursachen der meisten Krankheiten unbekannt. Trotzdem kann der Arzt in vielen Fällen helfen, etwa bei manchen Krebsformen, Herz-Kreislauf-Erkrankungen oder Allergien. Umgekehrt: Kenntnis der Ursachen führt noch längst nicht zu einer Besserung. Obwohl etwa die Ursachen der Aids-Erkrankung klar sind, ist eine gute Therapie bisher nicht bekannt. Oder im Bereich der seelischen Störungen: Obwohl viele Klienten deutlich spüren, woher ihre Beschwerden kommen, können sie ohne Hilfe nichts dagegen tun. Die Frage der Ursachen darf also nicht allzu hoch bewertet werden.

Ich möchte im folgenden in kurzer Form Carl Rogers' ursprüngliche Erklärung darstellen und dann auf einige neuere Überlegungen eingehen. Betrachten Sie bitte die folgenden Aussagen nicht als Tatsachen, sondern als begründete Vermutungen.

Die Theorie von Carl Rogers

Manchmal spüren wir etwas in uns, was wir nicht wahrhaben wollen: Gefühle, Wünsche oder Gedanken, deren wir uns schämen, die wir bei uns verurteilen, die uns unangenehm sind oder die wir aus irgendwelchen anderen Gründen nicht haben wollen. Unser wirkliches, unmittelbares Erleben paßt nicht zu dem Bild, das wir uns von uns selbst gemacht haben.

Wenn wir selbstbewußt genug sind, können wir den Tatsachen ins Gesicht sehen und unser Selbstbild entsprechend unseren Erfahrungen abändern, ohne uns selbst dabei abzuwerten: „Ja, manchmal bin ich feiger, dümmer oder gemeiner, als ich dachte und als mir lieb ist. Vielleicht kann ich daran arbeiten, diese Dinge abzubauen."

Aber häufig gehen Menschen den anderen Weg: Was nicht zum Selbstbild paßt, wird aus dem Bewußtsein verdrängt, oder es wird so lange daran herumgedeutet, bis es vor uns selbst und anderen als akzeptabel erscheint. Beispiele: Bei Problemen in der Partnerschaft wollen viele nicht sehen, was sie selbst dazu beitragen; sie geben dem anderen die Hauptschuld. Wird im Beruf eine Aufgabe nicht bewältigt, so liegt es nicht an den eigenen Unzulänglichkeiten, sondern an widrigen Umständen, unfähigen Vorgesetzten usw. Unterbleibt eine wichtige Hilfeleistung für einen Mitmenschen, so geschieht das nicht aus Bequemlichkeit, sondern in der guten Absicht, die Selbständigkeit des anderen zu fördern.

Dieses Leugnen und Verzerren des eigenen Erlebens, das dazu dient, das gewohnte und geschönte Bild von sich selbst aufrechtzuerhalten, führt zu einem inneren Zustand, den Rogers „Inkongruenz" nennt. Es ist das Gegenteil von dem, was im Abschnitt über Echtsein als „Echtsein nach innen" bezeichnet wurde. Inkongruenz führt zu inneren Spannungen und Ängsten und zu einem fassadenhaften Verhalten im Umgang mit anderen Menschen.

Inkongruenz entsteht im Laufe des Lebens vor allem dadurch, daß wichtige Menschen, etwa unsere Eltern oder Freunde, uns nicht so annehmen, wie wir wirklich sind. So mag etwa ein Junge von seinen Freunden verlacht werden, wenn er seine „weichen" Gefühle zeigt, und Anerkennung finden, wenn er sich sportlich gibt, was ihm aber eigentlich gar nicht liegt. Um die Zuneigung seiner Freunde nicht zu verlieren, versucht er, sich dementsprechend zu verhalten und seine unpassenden Gefühle zu verdrängen. Diese Vorgänge können weitgehend unbewußt verlaufen.

Rogers sah in lang anhaltender oder starker Inkongruenz die Ursache fast aller seelischen Störungen. Deswegen gibt es in der Gesprächspsychotherapie auch nicht — wie etwa in der Verhaltenstherapie — ein unterschiedliches Vorgehen bei verschiedenen Störungen. Der Therapeut geht vielmehr im Prinzip immer gleich vor: Durch einfühlendes Verstehen, Achten, Wärme, Sorgen und Echtsein ermutigt er den Klienten, sein wirkliches Erleben dem Bewußtsein zuzulassen, es zu klären und ohne Verstellung zu äußern, dazu zu stehen und sein Selbstkonzept entsprechend zu ändern. Damit werden Inkongruenz und die damit verbundenen Spannungen und Ängste aufgelöst.

Neuere Auffassungen

Wie schon angedeutet, vertritt nur ein Teil der Gesprächspsychotherapeuten heute noch diese Annahmen von Carl Rogers. Insbesondere die Vermutung, alle Störungen beruhen auf derselben einen Ursache, erscheint nicht mehr haltbar. Zunehmend werden andere Vorstellungen verbreitet. Sie beruhen auf neueren Forschungsergebnissen aus verschiedenen Bereichen, etwa der Sozialpsychologie oder der Streßforschung. Leider sind die neueren Theorien viel komplizierter als die alten. Ich möchte Sie nicht mit Details langweilen, sondern Ihnen nur einen Eindruck davon geben, wie viele Faktoren in verwickelter Weise zu seelischen Beeinträchtigungen führen können. Vielleicht mögen Sie einmal überlegen, falls Sie zur Zeit seelische Probleme haben, was davon auf Sie zutreffen könnte?

Vermutlich ist es bei den meisten seelischen Beeinträchtigungen so, daß es nicht *die* Ursache gibt, sondern daß eine ganze Reihe von Faktoren zusammentreffen müssen. Sie können ganz unterschiedlicher Art sein und lassen sich zu drei Gruppen zusammenfassen: körperliche, psychische und mitmenschliche Faktoren. Hierfür einige Beispiele.

Körperliche Faktoren

- Manche Menschen neigen von Natur aus, aufgrund ihrer Erbanlagen, zu mehr Ängstlichkeit oder Erregbarkeit als andere.

- Bestimmte Botenstoffe im Gehirn sind nicht in der richtigen Menge vorhanden. Das kann z. B. zu Depressionen beitragen.

- Manche Menschen benötigen mehr helles Licht als andere, sonst werden sie in der dunkleren Jahreszeit depressiv.

- Körperliche Fitneß, Ausdauer und Kraft stärken die seelische Widerstandskraft gegen Streß. Wer dagegen körperlich nicht fit ist, fühlt sich leichter erschöpft und überfordert.

- Ebenso können ungesunde Ernährung mit Vitaminmangel oder zu wenig Schlaf die Stimmung verschlechtern.

- Manche Medikamente gegen körperliche Beschwerden können seelische Beeinträchtigungen als Nebenwirkung aufweisen.

- Anhaltende Muskelverspannungen wirken sich negativ auf das seelische Wohlbefinden aus.

- Körperliche Erkrankungen können eine Menge seelischer Folgen haben, insbesondere wenn sie mit Schmerzen oder Behinderungen verbunden sind.

Körperlich ist nicht dasselbe wie angeboren oder unveränderlich. Es kann so sein, muß aber nicht. Es liegt ja an uns, wie wir unseren Körper behandeln, ob wir ihm das geben, was er braucht. Jeder kann lernen, seinen Körper tief zu entspannen. Jeder kann seine

Ernährung, Ausdauer und Fitneß verbessern. Es ist erstaunlich, wie in manchen Fällen dies allein das seelische Befinden nachhaltig verbessert. Und umgekehrt: wir können nicht ernsthaft erwarten, daß es uns seelisch gutgeht, wenn wir unseren Körper vernachlässigen.

Psychische Faktoren / Unbefriedigte Bedürfnisse

Genau wie unser Körper, so hat auch unsere Seele Bedürfnisse. Wenn sie längere Zeit nicht erfüllt werden, dann „verdurstet" unsere Seele gleichsam. Wir empfinden keine Freude, sondern immer mehr belastende Gefühle. Die Bedürfnisse sind von Mensch zu Mensch verschieden, aber einige scheinen bei fast allen Menschen vorhanden zu sein:

● Bedürfnis nach Zuwendung und Anerkennung durch andere — eines der stärksten seelischen Bedürfnisse überhaupt.
● Bedürfnis nach einer als sinnvoll empfundenen Tätigkeit, etwa im Beruf, in Ehrenämtern oder in einem Hobby.
● Bedürfnis nach Selbstbestimmung, daß wir so leben können, wie es uns entspricht, und daß wir das Gefühl haben, über wesentliche Vorgänge in unserem Leben die Kontrolle zu haben.
● Bedürfnis nach Erfolgserlebnissen, daß wir erreichen, was wir uns vornehmen.

Ob unsere Bedürfnisse erfüllt werden oder nicht, hängt teilweise von unserer Umwelt ab. Wenn wir zum

Beispiel in einer feindseligen oder gleichgültigen mitmenschlichen Umwelt leben, ist es schwer, die nötige Zuwendung oder Anerkennung zu erlangen. Häufig können wir jedoch selbst etwas beitragen. Wenn wir oft Ablehnung von andern erfahren, so können wir uns fragen: Was ist es, was andere an mir stört? Welche Möglichkeiten sehe ich, ein für andere attraktiverer Mitmensch zu werden und mehr Zuneigung zu finden, ohne daß ich mich dafür verstellen oder verleugnen müßte?

Öfter kommt es vor, daß wir verschiedene Bedürfnisse haben, die einander widersprechen. Wir möchten von anderen gemocht werden, so wie wir sind — und wir möchten andere beeindrucken und unsere Schwächen verbergen. Wir möchten im Beruf erfolgreich sein — und wir möchten mehr Freizeit haben und es uns bequem machen. Wir möchten im Urlaub an die See fahren — und wir möchten, daß unser Partner sich wohlfühlt, der aber lieber ins Gebirge möchte. Wir können uns dann, zum Beispiel in der Gesprächstherapie, mit der Frage auseinandersetzen: Welche Bedürfnisse sind eigentlich wirklich wichtig für mich? Und welche möchte ich vielleicht lieber abbauen? Wir können unsere Bedürfnisse verändern.

Psychische Faktoren / Geringe Bewältigungsfähigkeiten

Jeder Mensch muß in seinem Leben mit einer Reihe von Aufgaben und Schwierigkeiten fertig werden, Prüfungen in Schule und Ausbildung bestehen, den

Lebensunterhalt verdienen, Freunde gewinnen und Freundschaften pflegen, eine Partnerschaft führen, eine Trennung verarbeiten, Kinder erziehen, den täglichen Ärger durchstehen, Unglücksfälle und Schicksalsschläge verkraften, mit Krankheiten leben, die Zeit des Sterbens ertragen — all dies sind Bestandteile eines normalen Lebens.

Viele seelische Schwierigkeiten werden dadurch ausgelöst, daß Menschen zu wenige Fähigkeiten gelernt haben, mit diesen Lebensaufgaben fertig zu werden. Sie neigen vielleicht dazu, Probleme vor sich herzuschieben, statt sie aktiv zupackend anzugehen; vor schwierigen Situationen sich das eigene Scheitern auszumalen, anstatt sich Lösungswege vorzustellen; zu grübeln, anstatt sich abzulenken oder zu entspannen, wenn im Augenblick nichts Entscheidendes getan werden kann; sich Selbstvorwürfe zu machen, anstatt Fehler als Möglichkeiten zum Lernen anzusehen; nicht rechtzeitig „Nein" zu sagen und sich von anderen immer mehr Belastungen aufhalsen zu lassen; sich mit übermäßigem Essen, Alkoholtrinken oder Fernsehen für Belastungen zu entschädigen, anstatt durch Aufenthalt in der Natur, lustvolle sportliche Betätigung oder persönliche Gespräche Streß wieder abzubauen.

Psychische Faktoren / Ungünstige Bewertungen

Wie wir uns fühlen, hängt stark damit zusammen, wie wir uns selbst und unsere Umwelt sehen, wie wir sie bewerten. Wenn wir ängstlich, deprimiert, verzweifelt oder gestreßt sind, treten oft typische Bewertungsfehler auf, die zu weiteren belastenden Gefühlen führen. Einige Beispiele:

- Schlechte Erfahrungen herausfiltern und das Positive verdrängen: Wir machen jeden Tag viele Erfahrungen. Manche sind gut und manche schlecht. Menschen mit seelischen Beeinträchtigungen neigen oft dazu, die schlechten Erfahrungen für viel wichtiger zu halten als die guten. Sie nehmen sie viel genauer wahr und beschäftigen sich länger damit. Sie suchen vielleicht sogar nach Fehlern bei sich und anderen, aber sie suchen nicht nach positiven Seiten.

- Glück oder Verdienst? Schuld oder Pech? Wenn etwas Gutes eingetreten ist oder sie bei einer Sache erfolgreich waren, so sagen depressive Menschen oft, das sei bloß Glück oder Zufall gewesen. Dagegen sind sie bei unangenehmen Ereignissen oder Mißerfolgen davon überzeugt, daß sie daran selbst schuld sind und daß sie versagt haben.

- Vorschnelle Verallgemeinerung: Manche Menschen neigen dazu, nach einigen wenigen negativen Erfahrungen mit sich selbst oder anderen anzunehmen, daß alle zukünftigen Erfahrungen ebenfalls negativ sein werden. Dadurch verschließen wir uns neuen Erfahrungen. Schüler nach der ersten Biologiestunde: „Bio ist blöd." Frau nach zwei gescheiterten Partnerschaften: „Laß mich in Ruhe mit Männern!"

- Katastrophendenken: Wir sehen ungünstige Ereignisse als Katastrophen an, wir denken immer gleich das Schlimmste: Bei einem Fleck im Teppich: „Der Teppich ist ruiniert." Bei Arbeitslosigkeit: „Mein Leben ist sinnlos." Bei Bauchschmerzen: „Ich werde sterben."

● Vergleiche nach oben: Wenn Sie sich häufig mit Menschen vergleichen, denen es vermeintlich besser geht, die leistungsfähiger, reicher oder schöner sind als Sie, dann fühlen Sie sich vielleicht benachteiligt oder wenig wertvoll. Denken Sie dagegen mehr an diejenigen, die „unter" Ihnen stehen, dann werden Ihre Sorgen kleiner und erträglicher. Viele Menschen mit seelischen Beeinträchtigungen glauben, daß nur sie solche Probleme haben und es allen anderen besser geht.

Mangelnde mitmenschliche Unterstützung

Gute Freunde und Freundinnen bilden einen außerordentlich wirksamen Schutz vor seelischem Leid. Das Gefühl, von einigen Menschen geschätzt zu werden, Teil einer Freundschaftsgruppe zu sein, stärkt unser Selbstvertrauen und unsere Widerstandskraft in belastenden Situationen. Freunde können uns trösten, sie können uns mit nützlichen Informationen oder Ratschlägen weiterhelfen, und sie können uns praktisch und ganz konkret helfen, uns etwa eine Besorgung oder einen schwierigen Behördengang abnehmen. Häufig ist allein schon das Gefühl wertvoll: Es gibt jemanden, der mir in der Not helfen *würde* — selbst wenn ich diese Hilfe gar nicht wirklich in Anspruch nehme. Bei Menschen mit psychischen Störungen fällt öfter auf, daß sie kaum enge Freunde haben und sich einsam fühlen oder daß sie sich von ihnen zurückziehen, nicht ihre Hilfe suchen.

Dies waren einige wichtige Faktoren, die möglicherweise zu seelischen Störungen führen. Wie kommt es nun, daß Menschen ganz verschiedenartige Störungen entwickeln? Sie können es sich vereinfacht so vorstellen: Wenn wir belastenden Situationen ausgesetzt sind, die unsere körperliche und seelische Belastbarkeit und unsere Bewältigungsfähigkeiten übersteigen, und wenn wir nicht genug mitmenschliche Unterstützung bekommen, so entwickeln wir körperliche und seelische Störungen, und zwar dort, wo wir Schwachpunkte haben. Diese Schwachpunkte können vererbt oder durch frühere körperliche oder seelische Vorgänge entstanden sein.

Wer zum Beispiel zu Ängstlichkeiten neigt, wird in Belastungssituationen mit starken Ängsten reagieren. Wer aufgrund ungünstiger Erbanlagen und Arbeitsplatzbedingungen einen Bandscheibenschaden hat, wird stärkere Rückenschmerzen bekommen. Andere reagieren mit einem schizophrenen Schub, mit Depressionen oder Magenschmerzen.

Wie paßt jetzt die Gesprächspsychotherapie zu dieser Theorie? Teilweise sehr gut: Die wichtigen seelischen Bedürfnisse nach Achtung und Selbstbestimmung finden Erfüllung, besonders in der Gruppentherapie. Hier erleben die Teilnehmer auch massive konkrete mitmenschliche Unterstützung. Und ein besonders wichtiger Punkt: Durch einfühlendes Verstehen werden Klienten immer wieder mit ihrer Art, die Dinge und sich selbst zu bewerten, konfrontiert. Sie werden immer wieder veranlaßt, diese zu überprüfen und entsprechend ihren tatsächlichen Erfahrungen zu korrigieren. Durch die warme, herzliche Atmosphäre werden solche Umbewertungen enorm erleichtert. Auf der anderen Seite: die körperlichen Faktoren finden keine Berücksichtigung in der Gesprächspsychotherapie, und einzelne Techniken, belastende Situationen effektiv zu bewältigen, werden nicht systematisch eingeübt — deswegen können ergänzende Maßnahmen nützlich sein (siehe Abschnitt „Kombinationstherapie").

– 10 –
Wem hilft Gesprächspsychotherapie?

In der Medizin ist es in der Regel so, daß eine bestimmte Therapie nur bei einer eng umgrenzten Zahl körperlicher Erkrankungen wirksam ist. Zum Beispiel hilft Penicillin bei Infektionen, die durch Bakterien verursacht wurden. Es hilft jedoch nicht gegen Viren, Rheuma, Krebs oder Herzschwäche.

Anders verhält es sich mit der Gesprächspsychotherapie: Sie hilft bei allen psychischen Störungen, die überhaupt auf Psychotherapie ansprechen. In wissenschaftlichen Vergleichsstudien ließ sich nicht nachweisen, daß andere verbreitete Psychotherapieformen wie Verhaltenstherapie oder Psychoanalyse bei bestimmten Störungen effektiver sind. Auch die Schwere der psychischen Beeinträchtigungen liefert keine Voraussage des Therapieerfolges: Gesprächspsychotherapie hilft auch bei stärker ausgeprägten Symptomen. Zu den wichtigsten Anwendungsgebieten gehören:

- Neurosen, Ängste (Phobien), Depressionen, Erschöpfungszustände, Sinnkrisen, Selbstzweifel
- funktionelle Störungen im Körper, z. B. manche Formen von Kopf- und Rückenschmerzen, Herzrasen, Störungen im Magen- und Darmbereich
- schwierige Lebenssituationen, z. B. Arbeitslosigkeit, Spannungen in der Partnerschaft, Überforderung
- Bewältigung nicht änderbarer Belastungen, z. B. Verlust des Partners durch Tod, schwere chroni-

sche oder lebensbedrohende Krankheiten wie Gelenkrheumatismus oder Krebs.

Manche Menschen sprechen nicht auf Gesprächspsychotherapie an. Dies hängt jedoch weniger von der Art ihrer seelischen Beeinträchtigung ab, sondern mehr von bestimmten Einstellungen und Fähigkeiten. Ich möchte zwei Stichworte nennen: Selbstöffnung und eigene Möglichkeiten sehen.

Selbstöffnung:

Von ausschlaggebender Bedeutung ist die Frage: Ist eine Person bereit und in der Lage, sich einem Therapeuten über wesentliche Gesichtspunkte ihres Erlebens zu öffnen und sich im Gespräch damit auseinanderzusetzen?

Manche Menschen *können* nicht in tiefergehender Weise über sich selbst sprechen — etwa jüngere Kinder, Menschen mit sehr geringen intellektuellen Fähigkeiten oder Personen in einem anhaltenden Zustand starker Verwirrung oder Erregung.

Von weitaus größerer Bedeutung ist jedoch: Viele Menschen *wollen* nicht über sich selbst sprechen, zumindest nicht mit einem Psychotherapeuten. Sie sehen keinen Sinn darin, oder es ist ihnen zu peinlich, ihre Verhaltensweisen oder Gefühle zu offenbaren, oder sie fürchten die Folgen einer ehrlichen Selbstauseinandersetzung. Werden sie, etwa in einer Klinik, Strafanstalt oder weiterführenden Schule, mit mehr oder weniger sanftem Druck zu einer Gesprächspsychotherapie überredet, ist das Ergebnis in aller Regel dürftig. Damit nimmt die Mehrheit der Bevölkerung Gesprächspsychotherapie — wie Psychotherapie überhaupt — nicht in Anspruch.

Schwierigkeiten durch eigene Anstrengungen als änderbar ansehen:

Für einen ausreichenden Erfolg ist es ferner nötig, daß die Klienten zumindest in minimalem Ausmaß daran glauben, daß sie selbst etwas zur Verminderung ihrer Belastungen beitragen können. Wer dagegen meint, eine Besserung könne sich nur durch Medikamente einstellen oder dadurch, daß andere Menschen, die Gesellschaft oder andere unkontrollierbare Lebensumstände sich änderten, der wird nur wenig profitieren.

Eignung als Klient selbst herausfinden:

Ob eine Person Hilfe durch Gesprächspsychotherapie erfahren wird, kann sie in gewisser Weise auch selbst abschätzen: Wenn die Therapeuten ihre Art der Therapie in Informationsblättern beschreiben oder den Klienten Tonband- oder Videoaufzeichnungen von Therapiestunden zur Verfügung stellen, so wird ein Klient dadurch in die Lage versetzt, sich ein realistisches Bild von dem zu machen, was auf ihn zukäme, und er kann sich fragen, ob er sich an einem solchen Geschehen beteiligen möchte.

Eine weitere gute Möglichkeit ist, ein bis zwei Therapiestunden zur Probe zu nehmen. Wenn ein Klient nach ein bis zwei Stunden nicht den deutlichen Eindruck hat, daß er Vertrauen zu dem Therapeuten empfindet, daß er sich tief verstanden fühlt, daß er eine gewisse Hoffnung spürt und einen Sinn in der Therapie sieht — dann besteht wenig Aussicht, daß die Therapie erfolgreich sein wird.

Welche Rolle kann die Gesprächspsychotherapie spielen, wenn psychische Störungen auf einer körperlichen Grundlage beruhen oder bei ernsthaften körperlichen Erkrankungen wie etwa Krebs?

Psychische Störungen auf körperlicher Grundlage:

Gesprächspsychotherapie — wie Psychotherapie generell — hilft nicht ausreichend, wenn die psychische Störung wesentlich durch körperliche Vorgänge entstanden ist oder aufrechterhalten wird. Solche körperlichen Vorgänge könnten etwa sei: Störungen im Gehirnstoffwechsel oder im Hormonsystem. Wichtige Beispiele: Drogen- und Alkoholabhängigkeit, Schizophrenie, Wahnvorstellungen, Halluzinationen, bestimmte Formen der Depression, Autismus, Gehirnkrankheiten wie etwa Morbus Alzheimer. Bei dieser Gruppe wird häufig psychiatrische, medikamentöse Behandlung nötig sein.

Trotzdem ist Gesprächspsychotherapie in manchen dieser Fälle als unterstützende Maßnahme sinnvoll, nämlich um die Folgeprobleme zu mildern. Wer z. B. an einer Schizophrenie mit Denkstörungen und Halluzinationen leidet, der hat es oft sehr schwer, die einfachsten Alltagsverrichtungen zu bewältigen. Stellen

Sie sich vor, Sie wären häufig mit Menschen zusammen, vor denen Sie sich nicht zurückziehen können und die Sie nicht wegschicken können. Diese Menschen sind bei allen Ihren Aktivitäten dabei, kennen alle Ihre Gedanken, Gefühle und Wünsche und reden pausenlos auf Sie ein, kommentieren, was Sie tun, machen Ihnen Vorwürfe. Sie können sich nicht einmal die Ohren zuhalten, denn die Stimmen kommen nicht von außen, sondern sind in Ihrem Kopf. Dies ist die Situation eines Menschen mit akustischen Halluzinationen (sog. Stimmenhören).

Es ist leicht einzusehen, daß dieses Symptom selbst wieder eine schwere Belastung für den Betroffenen darstellt. Gesprächspsychotherapie würde vermutlich nicht das Stimmenhören beseitigen. Aber sie könnte dem Erkrankten helfen, sich weniger von den Stimmen beeinträchtigen zu lassen, sie weniger zu beachten und als Teil des Lebens zu akzeptieren — ähnlich wie manche Patienten mit Dauerschmerzen lernen, diese Schmerzen hinzunehmen.

Ein weiterer Aspekt: Streß und seelische Belastungen, gleich welcher Herkunft, können bestehende psychische Störungen, auch wenn sie durch Körpervorgänge begründet sind, verschlimmern oder auslösen. Gesprächspsychotherapie hilft, diese Belastungen zu verringern und auf diese Weise etwa die Anzahl oder Heftigkeit akuter schizophrener Phasen zu mindern.

Körperliche Erkrankungen:

Wie verhält es sich bei ernsthaften körperlichen Erkrankungen wie Krebs, Multiple Sklerose, Gelenkrheuma oder Aids? Können sie durch Gesprächspsychotherapie gebessert werden? Auch wenn es gelegentlich behauptet wird, so gibt es doch dafür keinen wirklichen Beweis, daß Psychotherapie diese Krankheiten nennenswert bessern kann. Gewiß bestehen günstige Auswirkungen von Gesprächspsychotherapie auf den Körper, sie sind jedoch überwiegend auf sogenannte funktionelle Störungen beschränkt. Funktionelle Störung bedeutet: Die Organe sind an sich gesund, werden jedoch durch das vegetative Nervensystem oder Hormone falsch gesteuert. Dadurch schlägt zum Beispiel das Herz unnötig schnell, die Darmtätigkeit kommt zum Erliegen oder die Skelettmuskulatur wird zu stark angespannt und schmerzt. Solche Fehlsteuerungen sind häufige Begleiterscheinungen psychischer Störungen. Bei erfolgreicher Therapie klingen sie wieder ab.

Gesprächspsychotherapie kann gleichwohl bei Menschen mit Krebs oder anderen schweren Krankheiten sinnvoll sein — nicht um die Krankheit zu heilen, sondern um es den Betroffenen zu erleichtern, trotz der körperlichen Beschwerden oder des sich nähernden Lebensendes seelisch gesund zu bleiben und mit den Belastungen durch Krankheit besser fertig zu werden. Ferner: Wenn die Gesprächspsychotherapie dazu führt, daß der Klient zu einem günstigeren Gesundheitsverhalten kommt, etwa das Rauchen auf-

gibt, sich gesünder ernährt oder regelmäßige Bewe-
gungsübungen durchführt, so kann es dadurch zu
einem günstigeren Verlauf oder zu einer Lebensver-
längerung kommen.

– 11 –
Hilft Gesprächspsychotherapie wirklich?

Es gibt sehr viele verschiedene Arten von Psychotherapie mit unterschiedlichem, teilweise gegensätzlichem Vorgehen. Alle behaupten, helfen zu können. Es ist verständlich, daß ein möglicher Klient angesichts dieser Vielfalt zweifelt und fragt: Wem soll ich glauben? Gibt es neben den Versprechungen der Therapeuten irgendwelche Beweise dafür, daß eine Therapieform wirklich hilft? Gibt es darüber harte Fakten und Zahlen?

Glücklicherweise war Carl Rogers nicht nur ein höchst effektiver Praktiker, sondern als Universitätsprofessor auch ein einfallsreicher und anerkannter Wissenschaftler, der sich nicht nur auf seine persönlichen Erfahrungen verließ, sondern sich bemühte, die Therapie wissenschaftlich, also mit objektiven Methoden, zu erforschen.

Er war der erste Psychotherapeut überhaupt, der therapeutische Gespräche aufzeichnete, um sie Satz für Satz gemeinsam mit Kollegen zu analysieren. Er veröffentlichte 1942 als erster Wissenschaftler ein vollständiges wörtliches Protokoll einer Therapie, so daß die Fachwelt einen genauen Einblick in das Geschehen nehmen konnte. Heute gehört die klientenzentrierte Therapie — gemeinsam mit der Verhaltenstherapie — zu den weltweit mit Abstand am besten erforschten Therapieformen. Dies ist nicht zuletzt auch ein Verdienst von Reinhard und Anne-Marie Tausch, die als erste Psychologen in Deutschland psychotherapeutische Forschung betrieben und die Auswirkungen von Gesprächspsychotherapie an Hunderten von Personen überprüften.

Wie sehen die Ergebnisse aus? Grob zusammengefaßt: Etwa 75 % aller Klienten zeigen Besserungen in unterschiedlichem Ausmaß, 25 % bleiben unverändert oder verschlechtern sich trotz Therapie. (Klienten, die sechs Wochen auf einer Warteliste stehen, verbessern sich in dieser Zeit ohne Therapie zu 25 %, bei 75 % bleiben die seelischen Beeinträchtigungen bestehen oder verschlimmern sich.) Ob eine Besserung eintritt, hängt kaum davon ab, welcher Art oder wie schwerwiegend die seelischen Beeinträchtigungen sind. Auch das Alter, Geschlecht, der soziale Status u. ä. spielen kaum eine Rolle. Dagegen ist die Qualifikation des Therapeuten sehr wichtig, das heißt, wie gut er es schafft, einfühlendes Verstehen, Achten, Wärme, Sorgen und Echtsein in der Therapie wirklich zu leben, daß der Klient dieses auch wahrnimmt und annehmen kann.

Unter „Besserungen" darf man sich nicht vorstellen, daß die Klienten in ihrer Persönlichkeit wie verwandelt sind oder künftig keine Probleme mehr haben. Gewiß kommen gelegentlich dramatische Wandlungen vor, aber sie sind eher Ausnahmen. Im allgemeinen kann man mit mäßigen bis mittleren Veränderungen rechnen: Belastende Gefühle treten seltener und weniger heftig auf, einzelne Probleme werden gelöst, andere bleiben bestehen, werden aber besser ertragen, Ereignisse und Situationen werden anders bewertet, neue Einsichten werden gewonnen, neue Verhaltensweisen ausprobiert usw.

– 12 –
Erweiterungen
der Gesprächspsychotherapie

Im Laufe ihrer 50jährigen Geschichte haben einige Psychologen versucht, die Gesprächspsychotherapie zu verbessern. Ich möchte hier zwei Ansätze erwähnen: das *Focusing* von Eugene Gendlin — ein etwas älterer Ansatz, der eine gewisse Verbreitung gefunden hat — und die *klientenzentrierte Kombinationstherapie* von Reinhard Tausch — ein neuer Ansatz, dem ich große Zukunftschancen gebe.

Focusing

Focusing ist eine therapeutische Technik, die von Eugene Gendlin, einem früheren Mitarbeiter Carl Rogers', entwickelt wurde. Nach Gendlins Auffassung läßt sich Focusing von vielen therapeutischen Richtungen mit Gewinn nutzen. Besonders gut paßt es jedoch zur klientenzentrierten Therapie. Eine Reihe von Gesprächspsychotherapeuten wendet es in der Praxis an.

Gendlin untersuchte die Frage, warum manche Klienten auf Gesprächspsychotherapie besser ansprechen als andere. Als eine Mitursache entdeckte er: Erfolgreiche Klienten wenden sich ihren Gefühlen auf eine andere Art zu als weniger erfolgreiche. Es ist ein ruhiges, präzises Betrachten des im Körper gespürten gefühlsmäßigen Erlebens — ohne dieses Erleben sogleich zu durchdenken, zu analysieren oder zu bewerten. Der Klient nimmt sich öfter etwas Zeit, das körperliche Gefühl, das entsteht, wenn er an seine Probleme denkt, anzuschauen und es zu beschreiben, häufig in bildhafter Sprache.

Gendlin schlägt vor, daß Therapeuten ihre Klienten gezielt dazu anregen oder direkt dazu auffordern, auf diese Weise ihr gefühlsmäßiges Erleben zu „fokussieren", also in den Brennpunkt ihrer Aufmerksamkeit zu rücken.

Klientenzentrierte Kombinationstherapie

Manchen Klienten kann auch ein qualifizierter Gesprächstherapeut nicht ausreichend oder nicht schnell genug helfen. Sie sprechen auf die Therapie einfach nicht an, oder die Ursachen ihrer Beeinträchtigungen liegen in Bereichen, die von der Gesprächspsychotherapie nicht unmittelbar angegangen werden, also wenn körperliche Faktoren eine bestimmte Rolle spielen oder es an Techniken fehlt, belastende Situationen handelnd zu bewältigen. Darum kombiniert Reinhard Tausch die Gesprächspsychotherapie gegebenenfalls mit anderen Methoden — entweder von vornherein oder spätestens nach einigen Gesprächen, wenn diese allein keinen deutlichen Fortschritt bringen.

Welche Methoden eignen sich für eine solche Kombination? Alle, die den drei klientenzentrierten

Grundhaltungen nicht widersprechen und die sich in wissenschaftlichen Überprüfungen als wirksam erwiesen haben. Als besonders wichtig möchte ich anführen: Medikamente, Entspannungstrainings und Streßbewältigungsprogramme der Verhaltenstherapie.

Medikamente:

Medikamente, die bei psychischen Störungen helfen sollen, heißen Psychopharmaka. Leider werden sie oft falsch eingesetzt. Dies gilt vor allem für Schlaf- und Beruhigungsmittel, die weit verbreitet sind, obwohl sie abhängig machen können, nicht die Erholung und seelische Kräftigung bringen wie natürlicher Schlaf und echte innere Ruhe, und obwohl es bessere Therapien gibt, zum Beispiel Entspannungsübungen. Diese betrüblichen Tatsachen dürfen uns jedoch nicht dazu verleiten, alle Psychopharmaka in Bausch und Bogen abzulehnen. In manchen Fällen sind sie sehr hilfreich und unersetzlich, etwa bei manchen Arten der Depression oder bei schweren Geisteskrankheiten. Ich möchte Ihnen daher raten: Wenn Ihre psychischen Beschwerden sehr stark sind und durch einige Stunden Psychotherapie nicht eine gewisse Besserung eintritt, suchen Sie zusätzlich einen Nervenarzt oder Psychiater auf. Ihr Therapeut sollte Ihnen jemanden empfehlen können.

Entspannungstrainings:

Es gibt viele verschiedene Formen. Am bekanntesten sind das autogene Training und die progressive Muskelentspannung. Nach einiger Übungszeit stellen sich bei allen Formen ähnliche Ergebnisse ein: Das vegetative Nervensystem und andere Steuerungssysteme des Körpers regulieren sich wieder ein, funktionieren wieder besser. Außerdem kommt es zu einem wohligen Körpererleben: Der Körper fühlt sich warm und angenehm schwer (oder leicht) an. Entspannungsübungen wirken besonders schnell gegen Schlafstörungen und Ängste. Sie fördern auch eine Beruhigung der Gedanken und allgemein positivere Einstellungen. Entspannung ist eine ungeheuer nützliche Breitband- oder Basistherapie. Sie trägt bei fast allen seelischen und körperlichen Beschwerden zu einer Besserung bei. Ich rate jedem, Entspannungstherapie zumindest einmal auszuprobieren. Ihr Therapeut sollte imstande sein, Ihnen Entspannung beizubringen oder Ihnen zu sagen, wo Sie es lernen können.

Streßbewältigung:

Hier bekommen Sie praktische Anregungen, Informationen und Übungen, die es Ihnen erleichtern sollen, sich bei belastenden Gefühlen und Situationen künftig anders zu verhalten. Zum Beispiel lernen Sie, wie schädlich das sorgenvolle Grübeln ist, und Sie üben, es selbst zu stoppen. Oder Sie stellen sich innerlich immer wieder vor, wie Sie bestimmte schwierige Situationen erfolgreich bewältigen werden (mentales Training). Oder Sie üben im Rollenspiel, ein problematisches Gespräch mit Ihrem Partner oder Chef zu führen. Streßbewältigungsprogramme werden vor allem von Verhaltenstherapeuten durchgeführt (siehe den Band „Verhaltenstherapie" dieser Buchreihe).

Dieses kombinierte Vorgehen heißt klientenzentriert, weil es immer der Klient ist, der letztlich entscheidet, welches therapeutische Angebot er annimmt, welche Verhaltensweisen er übt usw. Der Therapeut läßt sich dabei von der Frage leiten: Welches therapeutische Angebot wäre für diesen Klienten hilfreich? Die Angebote orientieren sich an den Bedürfnissen des Klienten, nicht an den zufälligen Vorlieben des Therapeuten für bestimmte Methoden.

Wie findet man einen geeigneten Gesprächspsychotherapeuten und was kostet die Therapie?

Der erste Schritt ist einfach: Sie suchen in Ihrer Umgebung nach psychologischen Praxen oder Beratungsstellen und fragen, ob dort jemand Gesprächstherapie betreibt. Oder Sie nehmen Kontakt auf zur Gesellschaft für wissenschaftliche Gesprächspsychotherapie und erkundigen sich nach Therapeuten in Ihrer Nähe. Die Anschrift der Gesellschaft finden Sie im Anhang.

Vielleicht fragen Sie sich: Ist es besser, zu einem Arzt oder zu einem Diplompsychologen zu gehen, zu einem Mann oder zu einer Frau, zu jemandem Ihres Alters oder zu jemand älterem? Diese Fragen sind im allgemeinen zweitrangig. Dagegen ist von ausschlaggebender Bedeutung, wieweit der Therapeut in der Lage ist, im Zusammensein mit Ihnen die drei Haltungen (einfühlendes Verstehen; Achten, Wärme, Sorge; Echtsein) zu leben.

In der Regel läßt sich schon am Ende der zweiten Stunde recht verläßlich abschätzen, ob die Therapie bei diesem Therapeuten erfolgreich sein wird. Stellen Sie sich dazu als Klient folgende Fragen:

1. Fühle ich mich von dem Therapeuten *tief* verstanden?

2. Fühle ich mich als Person vollkommen respektiert und angenommen, trotz meiner Fehler und Schwächen?

3. Empfinde ich den Therapeuten als warmherzig und freundlich?

4. Finden unsere Gespräche auf einer Basis von Mensch zu Mensch statt, ohne berufsmäßiges Gehabe des Therapeuten?

5. Besteht zwischen mir und dem Therapeuten eine angenehme persönliche Nähe, keine zu große Distanz?

6. Spüre ich aufrichtige starke Anteilnahme und tiefes Interesse des Therapeuten an mir und meinen Schwierigkeiten?

7. Spüre ich ein starkes aktives und geduldiges Bemühen des Therapeuten, mir zu helfen?

8. Spüre ich, daß der Therapeut mir völlige Freiheit läßt, daß er alle meine Entscheidungen und Einstellungen vollkommen akzeptiert?

9. Fühle ich mich frei, mich zu öffnen und ihm alles zu sagen, was mir wichtig ist?

10. Habe ich nach dem Gespräch eine optimistischere Stimmung als vorher?

11. Sehe ich mich selbst oder meine Schwierigkeiten nach dem Gespräch irgendwie in einem anderen Licht als vorher?

12. Weiß ich nach dem Gespräch etwas Konkretes, das ich in Zukunft anders machen werde als bisher?

Wenn Sie nach der zweiten Stunde alle diese Fragen mit einem klaren Ja beantworten können, dann sind

Sie bei diesem Therapeuten sehr gut aufgehoben. Mit großer Wahrscheinlichkeit werden Ihre Schwierigkeiten in spätestens zehn oder 15 Stunden drastisch gemindert oder behoben sein. Müssen Sie jedoch die Mehrheit der Fragen eher verneinen, dann empfehle ich Ihnen, dies mit dem Therapeuten zu besprechen und — wenn nicht rasch eine Änderung eintritt — sich einen anderen Therapeuten zu suchen. Sonst besteht die Gefahr, daß die Therapie übermäßig lange dauert oder sogar schädlich ist.

Das heißt übrigens nicht, daß es sich um einen generell wenig qualifizierten Therapeuten handelt. Vielleicht kann er vielen anderen Klienten mit anderen Eigenarten sogar sehr gut helfen. Aber speziell für Sie ist er nicht geeignet.

Über welche Ausbildung verfügt ein Gesprächspsychotherapeut? Das kann sehr verschieden sein, denn eine gesetzliche Regelung gibt es nicht. Am häufigsten ist es so: Der Gesprächstherapeut ist ein Psychologe mit Universitätsstudium und Diplomabschluß. Auf der Universität hat er möglicherweise schon einiges über Gesprächstherapie erfahren, vor allem theoretische Kenntnisse.

Die weitere Ausbildung erfolgt dann durch den Berufsverband der Gesprächstherapeuten, meist berufsbegleitend über mehrere Jahre. Schwerpunkte der Ausbildung sind neben dem Erwerb theoretischer Kenntnisse vor allem die Selbsterfahrung und die Arbeit in der Supervisionsgruppe. Selbsterfahrung bedeutet: der künftige Therapeut begibt sich in die Rolle des Klienten und macht selbst eine Therapie. Supervision heißt: eine Gruppe künftiger Therapeuten arbeitet schon praktisch unter Anleitung eines Ausbilders. Sie nehmen ihre Therapiegespräche auf Tonband auf und diskutieren anhand der Aufnahmen ihr Verhalten und ihre Schwierigkeiten im Umgang mit den jeweiligen Klienten.

Zur Kostenfrage: keine Kosten entstehen im allgemeinen, wenn Ihr Therapeut in einer öffentlichen Beratungsstelle angestellt ist oder wenn es sich um einen Arzt handelt. (Ärztliche Gesprächspsychotherapeuten sind allerdings sehr selten.) Bei Psychologen, die in einer freien Praxis arbeiten, kommt es sehr auf Ihre Krankenversicherung oder Krankenkasse an.

Manche *privaten* Krankenversicherungen sehen in ihren Verträgen Leistungen für Psychologen vor, andere nicht. Sie können dies Ihrem Vertrag entnehmen.

Die *gesetzlichen* Krankenkassen und Ersatzkassen sind zu Leistungen nicht verpflichtet. Trotzdem sind sie teilweise bereit, freiwillig die Kosten für eine Psychotherapie bei einem Psychologen zu übernehmen — insbesondere dann, wenn Sie nachweisen können, daß eine Versorgung durch ärztliche Therapeuten in Ihrer Nähe in zumutbarer Zeit nicht möglich ist. Ihr Therapeut wird Ihnen bei der Klärung dieser Frage behilflich sein.

Wenn Sie die Kosten selbst tragen, müssen Sie mit etwa 100 bis 120 DM pro Sitzung (ca. 50 Minuten) rechnen. Manche Therapeuten verlangen eine, allerdings recht kleine, Selbstbeteiligung auch dann, wenn eine Kasse oder Versicherung die Kosten übernimmt. Sie vertreten den Standpunkt, daß Klienten sich mehr um Fortschritte bemühen, wenn Sie selbst etwas zahlen müssen.

Literatur

Wenn Sie sich mit der Gesprächspsychotherapie und der personenzentrierten Auffassung näher beschäftigen möchten, empfehle ich Ihnen besonders die Bücher von Carl Rogers und Reinhard und Anne-Marie Tausch. Sie sind von hoher Fachkompetenz und gleichzeitig leichtverständlich und anschaulich. Hier eine kommentierte Auswahl.

Carl Rogers: Die klientenzentrierte Gesprächspsychotherapie, erschienen als Fischer-Taschenbuch (ohne Jahr). Obwohl erstmals bereits 1951 veröffentlicht, ist dieses Buch ein immer noch lesenswertes und in vielem gültig gebliebenes Standardwerk. Es enthält u. a. eine genaue Beschreibung der Gesprächstherapie sowie Rogers' Persönlichkeitstheorie.

Carl Rogers: Therapeut und Klient, erschienen als Fischer-Taschenbuch (ohne Jahr). Hier handelt es sich um einen Sammelband mit verschiedenen Arbeiten aus den Jahren 1959—1975. Die Kapitel heißen: Klientenzentrierte Psychotherapie, Klientenzentrierte Kurztherapie: Zwei Fallberichte, Klientenzentrierte Theorie, Gespräch mit Gloria (mit Kommentar), Ein Bericht über Psychotherapie mit Schizophrenen, Die zwischenmenschliche Beziehung: Das tragende Element in der Therapie.

Carl Rogers: Entwicklung der Persönlichkeit, erschienen 1982 bei Klett-Cotta. Das wohl berühmteste Werk Rogers', 1961 erstmals veröffentlicht, wurde in den USA zum Bestseller und machte Rogers weit über

Fachkreise hinaus bekannt. Es vereinigt Reden und Aufsätze aus den Jahren 1951—1961. Neben Arbeiten zur Psychotherapie finden sich hier Artikel zu Rogers' Lebenslauf, seiner Philosophie, der Ausweitung seines Ansatzes auf Unterricht, Erziehung und Familienleben.

R. und A. Tausch: Gesprächspsychotherapie. Das 1990 in 9. Auflage im Verlag für Psychologie, Hogrefe, erschienene Standardlehrbuch der GT. Neben einer systematischen Darstellung der Gesprächstherapie enthält es vor allem neuere Forschungsergebnisse und Gedanken zur Weiterentwicklung. Es legt ein Schwergewicht auf Gruppentherapie.

R. und A. Tausch: Wege zu uns und anderen. Diese Darstellung des personenzentrierten Ansatzes für psychologische Laien erschien 1988 als Rowohlt-Taschenbuch. Sehr leicht verständlich und mit vielen Beispielen. Im Mittelpunkt steht nicht die Psychotherapie, sondern die Anwendung der von Therapeuten gewonnenen Erkenntnisse auf das tägliche Leben.

A. Tausch: Gespräche gegen die Angst, 1987 erschienen als Rowohlt-Taschenbuch. Zeigt die Möglichkeiten des personenzentrierten Ansatzes bei der Bewältigung einer schweren Krankheit.

R. Tausch: Lebensschritte. Umgang mit belastenden Gefühlen, erschienen 1989 bei Rowohlt. Geht besonders auf die Möglichkeiten ein, die wir zusätzlich zu Gesprächen haben — die personenzentrierte Kombinationstherapie. Enthält viele Beispiele und unmittelbar zu verwendende hilfreiche Informationen.

Anschriften

Anschriften von Gesprächstherapeuten erhalten Sie bei:

Gesellschaft für wissenschaftliche
Gesprächspsychotherapie (GwG)
Richard-Wagner-Straße 12
5000 Köln 1
Telefon 02 21/25 29 17

Videoaufnahmen von klientenzentrierten Gesprächsgruppen mit Reinhard und Anne-Marie Tausch sind
zu entleihen bei:

Institut für den wissenschaftlichen Film
Nonnenstieg 72
3400 Göttingen
Telefon 05 51/20 20

oder bei:

Universität Hamburg
Psychologisches Institut III
Abteilung Gesprächspsychotherapie
Von-Melle-Park 5
2000 Hamburg 13

Weitere Bücher aus unserem Ratgeber-Programm

Unseren ausführlichen Prospekt erhalten Sie bei:
PAL Verlagsgesellschaft; Am Oberen Luisenpark 33;
6800 Mannheim